真・輪島伝

番外の人

武田頼政
Yorimasa Takeda

廣済堂出版

真・輪島伝　番外の人

序章

輪島博と私

物心ついたころから耳にしてきた記憶の音は、高いところから大きな肉の塊を落とすようなおぞましさでした。夜もまだ明けやらぬ早朝だというのに、それは幾度も幾度も果てしないほど繰りかえされます。やがて悶え苦しむうめきと野太い怒鳴り声が交錯すると、もとの静けさを取り戻すのです。

それが私の身体に染みついた花籠部屋の稽古場の音。

鬢づけ油の甘い香りを漂わせ、普段は陽気なお相撲さんが、土俵で地獄の仕打ちに堪《た》えるのを、それはそういうものだと納得してはいました。でも人はそんなに苦しまなければ生きてゆけないのだろうかと、幼心に昏《くら》い気持ちになったものです。

一体これはなんなのだろうかと、テレビニュースが報じる輪島博の告別式を、私は複雑な気持ちで眺めていました。

輪島大士《ひろし》こと本名輪島博。学生時代に打ちたてた14ものタイトルをひっさげて角界入りしたスーパースター。「黄金の左下手投げ」で一世を風靡し、北の湖とともに昭和の一時代を築いた名横綱等々、天才力士の名をほしいままにした輪島は相撲界の栄光に満ちあふれています。

しかも私と離婚した後に一緒になった相手と1男1女をもうけ、そのご長男は立派な体格を持った甲子園球児だというのだから素敵です。

でも輪島の死を伝えるマスコミの口ぶりはそれ一辺倒。私たちの結婚生活は1981年から85年までのわずか4年間にすぎませんが、その間、私たちには「不倫」、「破産」、「自殺」と様々な不幸が降りかかりました。そんな惨憺《さんたん》たる過去の出来事などまるでなかったかのように、メディアの報道はきれいに削ぎ落とされていました。

私は二所ノ関一門・阿佐谷勢の総帥だった花籠《はなかご》親方（元幕内・大ノ海《おおのうみ》、本名・中島久光）の長女として生まれました。最盛期には30人もの力士たちが籍を置いた大きな相撲部屋で、私は力士たちとともに育ちました。

ところが父が必死に育てあげ、守ってきたこの部屋は、輪島の不始末が原因ですべて失われてしまいました。部屋を畳むとき、父への申し訳なさよりも、他の部屋に呑み込まれてゆく若い衆が不憫《ふびん》で仕方がありませんでした。

輪島の人柄をわかりやすく言えば、「オンナとカネにだらしのない人」です。

横綱引退直後に師匠である父が亡くなると、あの人の女遊びには以前にも増して拍車がかかり、挙げ句の果てには親方名跡を担保に何億円もの借金をし、それが原因で廃業に追い込まれてしまいました。

そもそも輪島はお相撲さんだというのに「辛いこと」や「痛みを伴うこと」に直面すると、その場から逃げ出そうとするのが常でしたから、その後プロレスに転進してもうまくいくわけがなかったのです。

マスコミには死んだ人間に鞭《むち》打つようなことをしないという決まりがあるのか知りませんが、デタラメなあの人のせいでどれだけの人が不幸な目に遭《あ》ったのかを思うと、輪島を語るに際してあんな美辞麗句など虚偽と言ってもいいくらいです。

別れた女房がいまさらなにを言っても嫌みにしか聞こえないでしょうけど、私なりのお悔やみをあえて申し上げます。

「あなた、本当にいい人生だったわね。思うように生きて、しかも最後に自分のＤＮＡまで遺《のこ》して逝《い》くなんて、最高じゃない」

輪島が癌《がん》を患《わずら》い体調が優れないという話は、父の弟子だった方々からの知らせで少し前から耳にしてはいましたが、あの人のことだから長生きするに違いないと思っていました。そのあまりにも呆気《あっけ》ない死に、実のところあの人がこの世からいないということを、未だに信じられないでいるのです。

遙か昔に涙は涸《か》れ果てました。もはや告別式に参列するような関係でもありません。輪島の兄弟弟子たちも同じ気持ちだったらしく、誰ひとり通夜にすら参加していません。

時を同じくして、貴乃花親方が「引退」しました。

「引退」などと言うと聞こえはいいですが、要は「廃業」です。そしてさらに夫婦関係も破綻《はたん》したそうです。

同じ時期に起きた輪島の死と貴乃花の廃業と離婚――。

私たちは自分の部屋を手放したという点で貴乃花と共通していますが、内容はまるで違います。相撲界から去る貴乃花はテレビのトーク番組に出演し廃業の経緯を蕩々《とうとう》と語っていましたが、相撲部屋を畳んだ後の若い衆の行く末を考えたら、私ならとてもじゃないけど人前になど出られません。彼の心の裡はまったく理解できないのです。

これまで花田家の話題に接するたび、私は複雑な感情を懐《いだ》いてきました。

当時の私たちが輪島の借金問題に苦慮していた際、貴乃花の伯父であり父の弟子だった二子山親方（元横綱・初代若乃花、本名・花田勝治）は、輪島の不始末に乗じる形で花籠名跡を私たちから剝奪しようとしました。

つまり私たちは貴乃花のように自ら名跡を放棄したわけではなく、二子山親方による、他界した父への背信行為もあってそうせざるを得ない状況に追い込まれたのです。

あれから何十年も経ったいま、名跡をめぐる様々な出来事も、あのときああしておけばよかったのに、なぜそれができなかったのかなどと、輪島がこの世を去って以来、繰《く》り言のように頭のなかをめぐって離れないのです。

今回の貴乃花の廃業によって、ついに花田家は角界から姿を消すことになりました。私にしてみれば、歌舞伎の世話物を観るような「因果応報」劇なのですが、その一方でものの憐れも感じるのです。

輪島が名跡を継承したときすでに父はこの世を去り、相談すべき人を失った私たちは、あまりにも若く、そして知恵がなかった。

あのとき私たちと関わった主な人たちは皆鬼籍《きせき》に入ってしまいました。私の両親はもちろんのこと、第6代理事長として日本相撲協会のトップに君臨した二子山親方と、同じく父の弟子で後の第11代理事長の放駒《はなれごま》親方（元大関・魁傑《かいけつ》）、そして父の孫弟子とも言うべき、二子山親方の弟の「満ちゃん」こと花田満（元大関・初代貴ノ花）も皆あの世です。

すでに輪島は彼らと再会して昔話をしていることでしょう。

私もいずれあちらに行ったとき、輪島をめぐって起きたことを父にきっちり質《ただ》すつもりですが、まだこの世にいるうちに、かつてのことをすべて詳《つまび》らかにしておこうと思うのです。死人に口なしといわれようとも、神に誓ってすべて事実なのですから——。

この本を執筆したノンフィクション作家の武田頼政さんは、2007年に「横綱・朝青龍の八百長疑惑」を週刊現代で告発しました。これに対して日本相撲協会は、記事によって名誉を毀損《きそん》されたとして、武田さんらを相手に総額約5億円にも上る損害賠償請求訴訟を起こしたのです。

角界で生まれ育った私の経験に照らしても、武田さんの主張に嘘はないと思っていましたし、武田さんとは旧知の間柄でもあったので、この訴訟に微力ながら協力させていただきました。

残念なことに裁判に敗れはしましたが、その後に起こった「八百長メール」事件によって、主張の多くが証明されたのではないでしょうか。この本のお話に私が応えようと思ったのは、そうしたご縁に加え、私がよく知る花田家の事情にも精通しておられるからです。

もうひとつ理由があります。

実は、最近になって私の身体で異変がみつかりました。先天性の心臓疾患だそうで、いずれ手術を受けなければなりません。命を落とすようなことはなさそうですが、この歳で発覚した病に、すべてを語るべき運命のようなものを感じたのです。

花籠部屋と二子山部屋によって隆盛を極めたのが二所ノ関一門の阿佐谷勢です。そしてそこから生まれた不世出の天才力士こそ、輪島大士《ひろし》という横綱です。

私は思うのです。この輪島の存在は、戦後の角界に風雲を巻き起こした中島家と花田家が育《はぐく》んだ徒花《あだばな》か、あるいはもっと特別な存在ではなかったのかと――。

大相撲には夢も希望もありますが、同時に様々な欲望や醜《みにく》い感情が渦巻くとても人間的なかつ残酷《ざんこく》な社会です。今となれば笑っていなせる出来事もありますが、どれほど時間が経っても癒《い》えることのない大きな悲劇も経験しました。

これまでの私の人生を振り返ったとき、あの人との日々は怒りや悲しみという言葉では言い表せない様々な色に塗り込められていたのはたしかです。しかしこうして逝ってしまったいま、かつて起きたことを冷静に見つめることができると思うのです。

「番外の人」とは、常識で推《お》しはかることのできない破格の人物を意味する角界の隠語です。それは凡百の力士では遙か手の届かない天賦《てんぷ》の才に恵まれた人であり、あるいは非常識極まりない人物を指したりもします。

相撲界を騒乱の淵《ふち》に陥《おとし》いれた不世出にして破天荒《はてんこう》、天衣無縫《てんいむほう》の横綱輪島こそ、番外というにふさわしい人だと、私は思うのです。

朝の陽光が格子戸の隙間から土俵に差し込み、静かだけれどときおり荒ぶる声と身体のぶつかり合う男ばかりがいるところ。鬢づけの匂いやちゃんこを煮炊きする香りに、湿布薬の刺激臭と血や汗の臭いがわずかに入り交じって渾然としているのが、相撲部屋です。

それこそが私の生まれ育った花籠部屋という、「夢と絶望」の空間だったのです。

真・輪島伝　番外の人

目次

装画・装丁　城井文平
カバー画資料提供　共同通信

真・輪島伝　番外の人

第一章

輪島の恋わずらい

銀座の子持ちホステスへの熱愛

その事件が起こったのは1972年、私が19歳のころのこと。

前年の1月に入幕した輪島は、すでに関脇に昇進し、さらに大関を窺おうとしていた時期です。

いずれ横綱になるに違いないといわれ、貴ノ花のライバルとして相撲界の人気を二分していた輪島に対して、部屋の師匠であり私の父でもある花籠親方が強引に引退を迫った事件があったのです。それは本場所のある日のことでした。

その日、私が外出先から杉並区阿佐谷の自宅に帰ってきたのは夜7時ごろだったでしょうか。いつもと違って家の雰囲気がピリピリしています。私の兄たちだけでなく、お手伝いさんまでもがじっと息を潜《ひそ》めていました。

「なにかあったの?」

と小声で訊《き》いても、みんな口に人差し指を当ててなにも言わず、ときおり台所のトビラの隙間から茶の間の様子を怖ごわ覗いています。

室内の父は怒りの形相でした。あの温厚な父がこんなに興奮することなどほとんど記憶にないくらいです。その正面に座る輪島は俯《うつむ》き、すっかり萎《しお》れています。その傍らには輪島の父親が縮こまって端座しています。

聞けば、うちの父は千秋楽でもないというのに輪島の父親を石川県七尾市の実家からわざわざ呼び出したというのですから、大変なことです。父の横に座る私の母はその場の空気に困惑しきっています。

すると父がこう叫びました。

「おい、ハサミ持ってこい! いまからこいつの髷《まげ》を切ってやる!」

髷を切る、つまり引退させるということです。師匠が強制的に当代の人気力士を土俵から退《ひ》かせようというのですから、これは大事件です。

「もう髷を落として七尾に帰れ!」

部屋の若者頭がおそるおそる差し出す裁《た》ちバサミを手に横綱に迫る父親を、母が「やめて!」と制止する様子に、覗いている皆が一様に息を呑みました。

原因は単純なことです。輪島が銀座のあるホステスにのぼせ上がってしまったのです。

輪島博が最も惚《ほ》れた女性は誰かと訊かれたら、私は迷わずこのときの原因となった銀座のクラブホステスの名を挙げます。その方は島津樹子《みきこ》さん。なにせ寝食を忘れて彼女に入れあげ、挙げ句には家でいつも物静かな私の父を激怒させたのですから、当時20歳前の私には忘れられない事件です。

輪島より3つ年上の島津さんは日活の元女優さんで、俳優の葉山良二さんと恋仲になり、1児をもうけて未婚の母となりました。けれど2人が結ばれることはなく、葉山さんは別の女優さんと結婚してしまいました。やがて島津さんは芸能界を離れて赤坂の高級クラブ「ニュー・ラテンクォーター」のホステスになったのです。

当時の芸能マスコミを大いに騒がせたスキャンダルですから、店にやってくる客は彼女が子持ちであることなど先刻承知です。それでもお店でナンバーワンになったのは、ホステスには珍しい清楚な雰囲気の女性だったからでしょう。

輪島がクラブ通いを始めたのは入門3場所目に十両入りしてすぐのことだと思います。当時の輪島は、東京場所の間だけ、新宿の京王プラザホテルに部屋を取り、日大時代の後輩を運転手に雇《やと》って高級外車で蔵前の国技館に通っていました。

その方がリラックスできると言っていたようですが、主な理由は遊ぶために違いありません。なにせ取組が終わると、首都高を途中で降りて銀座に向かうのが常でしたから。普通のお相撲さんだったら場所から部屋に直行し、師匠の前で手を突いてその日の勝ち負けを報告するものですが、そんな殊勝な輪島などほんのたまにしか見たことがありませんし、父もとっくにあきらめていました。

本人は雑誌のインタビューで「銀座はサービスエリア」だなんてうそぶいていましたが、あのころのあの人は、銀座や赤坂で休息なんかぜんぜんとれていなかった。

つまり、その輪島が当時尋常ではなく入れあげていたのが島津さんだったわけです。クラブ通いは場所中だけではないのですからゲン直しの言い訳は通用しません。普段から店の営業が終了するまで居すわり、その後島津さんとのアフターデートを過ごし、明け方になって部屋に帰りづらいときは隣の日大相撲部の合宿所に転がり込むのですから、朝稽古になど来られるわけがありません。

本場所中は自分の取組が終わるやいなや店に直行し、日付が変わって新宿のホテルに戻っても、寝ずに島津さんの身が空くのを待つのです。

けれど子持ちの女性ですからソデにされることも多かったらしく、そんなときは気落ちしてちゃんこも喉を通らなくなるうえ、稽古もそこそこに彼女のもとに駆けつけることばかり考えているので、部屋の誰が忠告しても聞く耳を持たないわけです。

島津さんに溺れた輪島は、不規則な生活でみるみるやつれていきました。

輪島は当時24歳です。「恋わずらい」と言えば聞こえはいいですが、稽古もせずに夜遊びと女にうつつを抜かす横綱候補なんて聞いたことがありません。

父は相撲にさっぱり身の入らない輪島を見かねて問いただし、そこで初めて島津さんの存在を知りました。当然ながらこっぴどく叱りつけたのです。しかも千秋楽でもないのに、石川県の故郷からわざわざ輪島の父親を来させたのですから、父もよほど頭に血が上っていたのだと思います。

普段から大声をあげることはあっても大らかで、若い衆には愛情あるフォローを添えていた父です。もちろん本気で輪島の髷を切るつもりなどなかったでしょう。ハサミを手に真剣に迫ることで、輪島が心を入れ替えるようにと奮起を促したのです。

島津さんとの結婚を真剣に考えていたという輪島でした。しかし父の怒りに触れたこともあったし、何より島津さんのほうにその気があったのかなかったのか、騒動はやがて収まってゆきましたが、そんな輪島の性癖はその後も一向に変わりませんでした。

後で述べますが、実は私にだって恋人候補はいたんです。でも、それが消えてしまったのは、中島家と大相撲との切り離すことのできない深い関係ゆえのことです。

こんな輪島という男と結婚することになったのも、つまりは「花籠部屋」という中島家にとって大切に守るべきものがあったからに他なりません。

まずは輪島が入門してくるまでの花籠部屋について記憶を辿《たど》ってみます。それは私たち家族の来し方であり、懐かしい想い出ばかりです。

またそれは翻《ひるがえ》って力道山や若乃花、そして貴ノ花や魁傑、そして私と同い年の2代目若乃花など当時をきらめく力士が登場する、大相撲にとって躍進の時代でもあったのです。

大相撲の戦後を体現した父・花籠昶光《ひさみつ》

父・中島（旧姓・工藤）久光は、1916（大正5）年に秋田県南秋田郡井川町で工藤家の次男として生まれました。

陸軍の歩兵連隊に所属していた頃に二所ノ関親方（元横綱・玉錦）にスカウトされ、「若ノ花」（後に大ノ海）というしこ名で初土俵を踏んだのは20歳のとき。戦時中に幕内入りし、前頭3枚目まで昇進しました。

同部屋所属の力道山は父より8歳下の弟弟子で、関脇にまで昇進しましたが、1950

年9月場所を最後に引退廃業し、プロレスに転向しました。

父が現役を退き、二所ノ関から分家独立したのは1952年のこと。

現役の頃から日本大学相撲部の師範をしていたこともあり、父は杉並区阿佐谷の日大合宿所に隣接する土地に新しい部屋を興したのです。創設当初は「芝田山《しばたやま》」を借りて名乗っていましたが、後に名跡を交換し、年寄・花籠昶光《あきみつ》となりました。それが後に二所一門内に「阿佐谷勢」という一大勢力を形づくることになる「花籠部屋」の始まりです。

中島家の建物は相撲道場と道路一本挟んだ向かいにあります。耳を澄ませば力士同士がぶつかり合う朝稽古の物音や、風向きによってはちゃんこ鍋の美味しそうな香りさえ漂ってきそうなこの家で、私は部屋創設翌年の1953年5月11日に生まれました。

命名された名は生まれ月にちなんで「五月《さつき》」。父だけは「メイ」と呼びました。

生前の父いわく、私の生まれた頃の部屋経営は思わしくなかったそうです。タニマチに恵まれず、人を雇う余裕もなかったので、毎日のちゃんこは夜明け前の市場への買いだしから調理まですべて父が自ら行っていたそうです。

弟子は二所ノ関時代に内弟子としてスカウトした若乃花を中心とした何名かのみ。力道山の薫陶《くんとう》も受けた若乃花はすでに幕内上位に昇進してはいましたが、東京の街はもちろん、相撲界全体もまだ戦後の貧困の中にあり、部屋の〝米びつ〟として収入面を支えてくれるようになるのはまだ先のことです。

しかも当時の大相撲はまだ1年に3場所、蔵前国技館でのみ開催していた時代ですから、場所ごとに協会から支給される弟子の養成費だけでは心もとないわけです。

また、二所ノ関からの独立は必ずしも円満というわけではなかったようで、本場所の合間に行われる地方巡業では一門の巡業組合から爪弾《つまはじ》きにされていたため、花籠部屋が得られる興行収入はわずかでした。「日本一の貧乏部屋」と言われても反論できないほど、それはつましい生活が続いたそうです。

後の若秩父や若三杉（関脇・大豪）は、このころまだ新弟子です。父に言いつけられて背広や着物を大風呂敷に包んで自転車に積み、2人して質屋通いをし、米を炊く薪《まき》がないので魚屋さんからもらった木箱をバラしてかまどの火にくべたそうです。水道もなく、近くの井戸からポンプで水を汲んでちゃんこ鍋や風呂などに使ったくらい、当時の花籠部屋は貧しかったのです。

私は実母を病気で失っています。

名を中島政子といい、熊本出身の人です。父はもともと工藤姓ですが、母の実家の中島家は女系の血筋だったこともあり、工藤家の次男坊の父が縁あって婿入りしたというわけです。

母の政子は兄2人をもうけましたが、3人目の私を出産する前あたりから体調を崩し、私が物心ついたころにはいつも寝室で伏せっていました。病名は当時不治の病といわれた結核で、私もそれに罹《かか》ったものか咳《せ》き込みがちの時期もありました。結核によく効くと言われたストレプトマイシンという高価な薬を、父は入手するのに苦労したようです。

阿佐谷の自宅には、結婚と同時に熊本の中島家から祖母とその妹がすべてを引き払って東京に引っ越してきたのです。つまり父から見れば義母と義理の叔母との同居が始まったわけで、病がちの母に成りかわって、祖母らによって私たち孫はとても厳しく躾《しつ》けられました。

幼い私にとっては、口うるさい母親が3人もいるようでした。

外から帰ってきたときに玄関の靴が乱れていたらやり直し。遊び散らかした玩具を片づけていなければ叱られる。大人になってみればそれはありがたいことだったのですが、幼稚園児の私にとっては苦痛でしかありません。

父にとっても彼女らは煙たい存在だったかもしれませんが、その後の花籠部屋の経理や家の子育ては、おかみさんと母親代わりのこの2人がいなければ成り立たなかったのも事実です。

当の母もやはり熊本の中島家の血を継いでとても気の強い人で、私が生まれた後こそ病弱でしたが、それまでは何ごとも白黒はっきりしないと気の済まない性格だったそうです。私が生まれる前のこと、部屋の若い衆が地回りのヤクザと喧嘩して怪我をさせられたことがありました。

向こうに非がありながら、後生に祟《たた》るのを怖れて泣き寝入りする雰囲気が政子さんには我慢ならなかったようで、ヤクザの事務所に押しかけて、「うちの若い衆になんてことをしてくれたんだ！」と、ものすごい剣幕で怒鳴り込んだのです。

それ以来、中野や阿佐谷の界隈では「花籠部屋のおかみさんは男勝りだ！」と評判になったといいます。

賜杯の夢を叶えた初代・若乃花

当時まだ現役力士だった父の夢は、優勝賜杯《しはい》をこの阿佐谷に持ち帰ることでした。平幕の父では力が及びませんでしたが、それを叶えたのは一番弟子の若乃花でした。

若乃花が父の内弟子になったのは終戦翌年の１９４６年秋のこと。東京には食べ物などなく、当時父の所属していた二所ノ関部屋は、生活の糧《かて》を求めて北海道で巡業の旅をしていました。室蘭に荷を置いたとき、ある元力士が父を訪ねてきて、ひとりの少年を弟子として紹介してくれました。

港湾労働にいそしむ不敵な面構えの青年、それが後の横綱・若乃花こと花田勝治です。父よりひと回り下の1928（昭和3）年生まれの同じ辰年で、身体は細いけれども足腰がよくバネもあり、草相撲ではめっぽう強く、すでに二所ノ関親方から分家独立を許されていた父は一も二もなくその話に飛びつきました。

若乃花は7人弟妹の長男で、当時18歳ながら花田家の稼ぎ頭だったこともあり、花田の両親は最初入門を渋っていたのですが、父は内弟子として来てもらう条件として、「3年で関取にする」ことを約束し、ようやく長男を手放すことに同意してもらったとのことでした。

当時の二所ノ関部屋は1日にひとりで100番もの稽古をする激しさで、好角家からは「二所の荒稽古」と称され、角界でも注目の存在でした。

そうした厳しい稽古によって大関・佐賀ノ花、神風、琴錦、十勝岩、そして力道山やうちの父親などの関取を要する大部屋となったのです。この部屋で連日鍛えられた若乃花は、みるみる力をつけ、番付の階段を上がっていきました。

若乃花が十両に昇進したのは室蘭の両親に約束した3年に満たない49年5月場所、さらにその2場所後の1950年初場所では新入幕と同時に敢闘賞を受賞するというスピード

初期の花籠部屋の面々。前列白シャツが親方、右が初代若乃花

出世です。

父が二所ノ関から分家独立し、花籠親方として杉並区阿佐谷に部屋を持ったのは1952年のこと。依然として幕内上位の番付を保持していた若乃花が大関に昇進したのは、1955年9月場所後。そして念願の初優勝を遂げたのは、翌56年5月場所のことでした。

当時2歳の私は若乃花初優勝の騒ぎをほとんど覚えていませんが、千秋楽夜の青梅街道は数十万人の見物人によって埋め尽くされ、優勝旗を持った若乃花と父を乗せたオープンカーは、新宿駅西口から阿佐谷の部屋まで10キロほどの道を行くのに、なんと3時間もかかり、父は沿道の人波を見ながらむせび泣いたそうです。

「阿佐谷に賜杯を」の夢を果たしたこの日のことを、父は他界するまで語りぐさにしていました。

活気づく花籠部屋と実母の死

その若乃花をアクシデントが襲ったのは初優勝の半年後。56年9場所を11日後に控えた9月5日の昼近くのことだそうです。

私は当時3歳。その騒動のことは記憶にありませんが、聞いた話によれば、間もなく稽古を終えようという時間帯だったので、座敷ではすでに大きなちゃんこ鍋が煮立っていたそうです。

ところがあろうことか、座敷で遊んでいた若乃花の4歳になる長男の勝雄ちゃんが、何かの拍子でちゃんこ鍋の中に尻もちをつき、下半身に大やけどを負ってしまったのです。すぐに病院に担ぎ込まれましたが、その日のうちに命を落としてしまいました。

若乃花は愛息の死に大きなショックを受けながらも本場所に出場し、初日から12連勝したのですが、横綱戦を目前にして急病に倒れ、途中休場となりました。

それまで実力に人気が伴っていなかった若乃花だったのですが、皮肉なことにこの事件によって「悲運の若乃花」は爆発的な人気を得ました。

翌1957年にはこの出来事が美談仕立てで映画化されました。「若ノ花物語・土俵の鬼」（日活）という作品で、若乃花が本人役で出演し、その妻の役を、後に石原裕次郎さんと結婚する北原三枝（石原まき子）さんが演じています。

若乃花が2度目の優勝を飾ったのは、翌58年初場所のこと。13勝2敗で賜杯を手にした若乃花は、大関在位10場所目にして第45代横綱に推挙されたのです。

そのころの花籠部屋は力士の他に行司や呼出、若者頭など、総勢50人を超える大所帯となっていました。

父が借金をして建てた部屋は木造2階建てで、1階に稽古場があり、その横の20畳ほどの畳部屋で力士達が寝起きをともにしていました。

ちゃんこ場はさらにその奥の台所に面した板場で、場所前は稽古が終わると番付順にここで食事を済ませます。場所中ともなれば、蔵前の国技館に向かう前にそれぞれ急いでちゃんこを掻き込み出かけていったものです。

2階にあるいくつかの6畳間は、主に独身の関取衆が寝起きする個室です。階段を上がった屋上には物干場があり、そこの小部屋のなかに布団がうずたかく積まれています。建

昭和30年代の中島一家、右から克海、親方、克治、五月、政子

築法上は怪しい建物ですが、若い衆は兄弟子の浴衣やシャツの洗濯をするついでにそこに潜り込み、睡眠不足を補う逃げ場にもなっていたようです。

花籠部屋は、若乃花の活躍につられるように関取衆が増え、それに従い相互にライバル意識が芽生えます。稽古の内容も激しさを増し、申し合いや三番稽古などで少しでも稽古の番数を増やそうと起床時間はどんどんと早くなります。

関取衆が稽古熱心だと下の者が土俵に立つ時間がなくなりますから、若い衆はさらに早起きをしなければなりません。ろくに睡眠も取らずに午前2時から稽古場に立つなどということもよくあったようです。

そのくせ彼らは遊ぶことも好きで、親方

の目を盗んで1階の座敷で麻雀卓を囲むこともありました。父は連日厳しい稽古を課していましたから、その罪滅ぼしのように黙認していたようですが、決して推奨していたわけではありません。ときおり意地悪をしかけていました。

私たち家族の家は相撲部屋の真向かいでしたから、夏場など窓を開け放っているとじゃらじゃらと牌《ぱい》を交ぜる音が聞こえてきます。それが夜中まで長く続くようだと、父は腰を上げて道を渡り反対側の道場へと向かうのです。

父が普段履いている突っかけは、かかとの裏側に金具のついた雪駄のようなもので、歩くと結構大きな音がします。その「カチャ、カチャ、カチャ」という足音が響くと、部屋の中の牌の音がぴたっとやむのです。

父は構わず部屋に入り、麻雀卓を隠した関取衆と世間話をしますが、その隙にコッソリいくつかの牌を懐に隠して持ち帰ってしまうのです。

しばらくすると関取に命じられた若い衆が家にやってきて、お手伝いさんや母におそるおそる「麻雀の牌を知りませんか……」と言うのがおかしくて、私たちはゲラゲラ笑ったものです。

稽古中に気合いを入れる父の声には迫力がありましたから、関取衆にとって親方ほど怖い存在はなかったようですが、父はたまにそんな弟子を自宅に呼んで、食事を一緒にしていました。
私たち子供らはお弟子さんが叱られそうになると茶の間から退散します。お相撲さんにとって師匠と2人だけのちゃんこなんて、料理を味わうどころではないのでしょうけど、そうやって親方に目をかけてもらうということ自体が嬉しかったようです。

お相撲さんたちはみんな私たちにとって家族同然です。結婚しているお相撲さんもいますから、場所中の取組が終わって部屋に戻り、師匠に報告した後、ちゃんこを済ませてからそれぞれの自宅に帰ってゆく関取もいます。ときには大豪さんのようにわが家に寄って父と一緒に酒を酌《く》み交わしてから帰ってゆく人もいました。

気の強い母でしたが、その一方でモダンな人でもありました。

病もいくぶん癒え、部屋の経営状態が好転すると、近所に住む進駐軍でコックをしていた方を自宅に招き、素敵な料理教室を開いていました。

純白のコックコートを着たその方の料理は、当時まだ珍しいオリーブオイルを使ったミートソース・スパゲティとか、アメリカ仕込みのプリンや焼きリンゴ、ベーキングパウダーやバニラエッセンスをふんだんに使ったケーキなど、それらは幼い私にとって祖母の小言を我慢してあまりある何よりのご馳走でした。

そんな母・政子が亡くなったのは若乃花の横綱昇進から2年後の1961年8月19日の

こと。私が小学2年のときです。母危篤の報に接したのは、ちょうど北海道巡業に向かう途中で、私と兄を連れていた父は、岩手県の北上駅への連絡でそれを知りました。

そこから寝台車で東京にとって返し、阿佐谷に到着したのはその日の早朝でした。かねてから患っていた結核に加え肺炎にかかり、治療の甲斐なく私たちが見守るなか静かに事切れました。遺言のようなものはありませんでしたが、娘の私をひとり残して逝《ゆ》くことは、やはり母親としてずいぶんと心残りだったと思います。

幸福と災いは行ったり来たり、母の他界と引き替えのようにして、花籠部屋はさらに躍進してゆきます。

横綱に昇進した若乃花は、同じく横綱でライバルの栃錦とともに何年にもわたって好取組を繰り広げ、「栃若時代」と言われる戦後相撲界の最初の繁栄を築きました。

また父も、若乃花を生んだ名師匠として、花籠部屋の存在とともに注目を浴びました。そして若乃花が横綱に昇進するのと時を同じくして、父は理事に選出され、巡業部長を任されることになったのです。二所ノ関部屋から分家独立して6年目の慶事でした。

〝角聖〟双葉山の皮肉

父は生来無欲な人で、現役時代は稽古嫌いで有名だったそうです。その父が、賜杯を阿佐谷に持ち帰るのだと意欲を燃やし、そして相撲協会での栄達を志した理由のひとつに、実は当時の時津風親方を見返してやりたいという悔しい気持ちがあったのです。

時津風親方の現役時代のしこ名は「双葉山」です。その名は誰にも継がせることのない「止め名」とされ、双葉山は「角聖」と崇《あが》められる、相撲界の神様となりました。

現役時代の69連勝は今も相撲史に燦然《さんぜん》と輝いていますが、指導者としても優秀で、最盛期には12名もの関取衆を抱えるなど、「双葉山相撲道場」と看板を掲げる時津風部屋は、大いに栄えました。

戦前からの国民的な人気を背景に、時津風親方は若い頃から協会幹部に取りたてられて、1957年には45歳の若さで理事長に就任しています。そんなはるか雲の上のような存在の時津風親方から、父はある理事会の席で次のような言葉を投げかけられたそうです。

「花籠くんは訛《なま》りがひどくて何を言っているのかよくわからないなぁ」

父の出身地である井川町は八郎潟の内陸側に位置し、たしかに秋田県でも方言が強い地域です。でも協会の幹部が居ならぶなかで浴びせられた時津風理事長の言葉と、それを聞いて笑うほかの理事たちには、ひどく恥をかかされた気分になったものだと、父はそう言っていました。

父は若乃花をはじめとし、後に多くの関取を育てあげました。61年から62年にかけて幕内だけで7人もの関取を輩出し、彼らはいずれも「若」から始まるしこ名のため、「花籠七若」と呼ばれたのです。

その後、現役を退き分家していった弟子たちの部屋を総称して、「花籠一門」とまで呼称されるほどの一大阿佐谷勢力を形成していった背景には、そうした父の反骨精神もあったのです。

父はよくこう言っていました。

「強い相撲取りがいなければ、何ものが言えない。誰にも負けないお相撲さんさえ育てれば、オレがどんなに訛っていてもほかの親方を従わせることができるんだ」

若乃花が引退したのは母が他界した翌年の1962年5月1日のこと。花籠部屋で会見を行い、年寄「二子山」を襲名すると発表しました。

花籠部屋にほど近い杉並区成田東に部屋を建て、内弟子13人を引き連れて新たに「二子山部屋」を興したのです。

父はこの分家を快く受け入れていました。当時花籠部屋の後援会長をしていた東京ガスの安西浩会長（当時は副社長）を、二子山親方の最大のタニマチとして移ることに文句ひとつ言わなかったのですから父は太っ腹です。

父にしてみれば、分家独立を奨励した二所ノ関親方（玉ノ海梅吉）のお陰で今の自分があるという意識があります。まして若乃花との二人三脚によって戦後の苦境を乗り切ることができた花籠部屋ですから、その若乃花の独り立ちの意志を阻《はば》む理由などどこにもなかったのです。

このように、世間的にうちの父と若乃花はとても仲のよい師弟だとされているし、実際に父から見れば部屋経営に欠かせない存在であることに違いはなかったのですが、あろうことかその二子山親方が師匠である父に権力欲の牙を剝《む》いたのです。花籠からの独立を許したときの父には、想像もできないことでした。

第二章

花籠部屋の隆盛期

新しい母親

私の新しい母となる女性を、父が初めて家に連れてきたのは、若乃花が現役を引退した年のことです。名を松本富美子といい、うちの部屋の若秩父の個人後援会長をしていた埼玉県のさる病院長の未亡人でした。そちらのときも後妻さんだったそうで、御主人が他界されてしばらく後に家を出ることになったのです。

病院長さんとの間にできた連れ子に私より12歳年長の女の子がひとり。父と富美子さんは62年1月に結婚し、以来私たち兄妹は、この血縁のない母と姉と一緒に阿佐谷で暮らすことになりました。

私には実の兄が2人います。父はどちらかを関取にして、ゆくゆくはこの花籠を継がせたかったのだと思います。しかし7歳違いの長兄・克海《かつみ》は学習院大学を出て日本航空に入社し、チーフ・パーサーとして世界中を飛び回る生活を送るようになりました。

関取を目指したのは5歳上の次兄・克治《かつはる》です。高校卒業後に花籠部屋に新弟子として入門したのですが、幕下まで昇進したものの、頸椎《けいつい》捻挫が原因で現役を全うするのが困難になり、1971年3月場所を最後に引退廃業しました。

この克治が関取で何場所か土俵を務めてさえいれば、私が輪島と結婚する必要もなかったはずですが、いまさら言っても仕方のないことです。

トミさんこと継母の富美子さんは、実母の政子さんと違って父より一歩下がって控えるような女性でした。

実家は群馬県の旅館で、なにより長いこと病院長の奥さんをしていたこともあり、大所帯の賄《まかな》いをすることがちっとも苦ではなかったのです。それどころか、むしろ腕のふるい甲斐があると言って料理作りを楽しんでいたし、手際が良くて美味しかった。

トミさんは関取それぞれの好き嫌いを把握していましたから、父とお相撲さんが食事をするときなどは、それぞれ献立を変え、お手伝いさんに指示をして銘々のお膳を用意していました。

大病院の切り盛りをしていた人だったうえに、亡くなられた前のご主人の影響で相撲の内情についても詳しかったのですから、祖母と叔母2人が担っていた部屋の帳場をバトンタッチするのにそう時間はかかりませんでした。

それがやがて輪島がやってくることで大変な苦労を背負いこみ、悲劇を迎えることになるのですが、それはまだ先のことです。

若乃花と力道山

当時はよく力道山さんがうちにやってきました。二所ノ関部屋では父より8歳下の弟弟子で、当時はもうすでに押しも押されもしないプロレス界の大スターであり、テレビ放送が始まったばかりの日本で誰もが知る超有名人です。

力道山さんは二所ノ関時代から若乃花を可愛がっていましたから、二子山部屋でちゃんこを済ませた足でうちの部屋によく寄ってくれたようです。

父もかつて自分の部屋を建てるための資金稼ぎに、大相撲の現役力士として初のアメリカ巡業を企画しました。向こうのプロレスラーとリングの上で戦うという趣向で、元横綱の前田山（英五郎）さんとともに日本人プロレスラー第1号と言うべき大人気を博しました。

アメリカの興行師から、「相撲をやめてアメリカに来ないか」と誘われたくらいですから、力道山さんとも手が合うようでした。

父は力道山さんのことを「リキドウ」、もしくは「リキ」と呼んでいて、夕餉《ゆうげ》のときに酒の入った父は、「リキドウは酔っ払うとグラスをばりばり食べちゃうんだぞ」と言い、ふざけて私たち子供の前でコップを食べようとするのを、必死で止めたこともあります。

幼い私ですから、力道山さんの記憶はうっすらとしかありませんが、兄いわく、よく笑う快活な人で、いつも粋にキャデラックを乗りこなしていたんだそうです。

たしかにうちにお見えになるときはダンディーな出で立ちで、私はアスコットタイをしていたことを鮮明に覚えています。でもなぜあの力道山がうちにいるのか、幼い私にはまったく理解できていませんでした。

父からよく聞かされていた話があります。若乃花と力道山さんはどちらも酒が強く、酔うほどに陽気になっていくそうで、そんなときの力道山さんが必ずと言っていいほど唄う歌が、「アリラン」だったそうです。

力道山さんは本名を金信洛《キムシルラク》といい、朝鮮のご出身だったことは、亡くなってずいぶん経ってから公になったことです。当時は百田光浩という名の純然たる日本人ヒーローとして振る舞い、出自のことは隠しておられたのだと思いますが、もしかしたら父や若乃花は、それが力道山さんの望郷の歌だということを知っていたのかもしれません。

日ごろ「土俵の鬼」などと呼ばれ、実際いつもいかめしい表情をしていた若乃花が、力道山さんと一緒にそれを大声で唄うというのですから、よほど気が合うのだと思います。

力道山さんは63年の暮れに、赤坂のナイトクラブで他の客と些細《ささい》なことから喧嘩になり、そこで刺された傷が原因で亡くなってしまいました。後に私は、力道山さんを刺した人物と関係深い方にお世話になるのですから、世間は狭いものです。

幼なじみの満ちゃん

若乃花の弟妹は10人で、その末弟が貴ノ花（初代）こと花田満です。


二子山親方とは22歳違いなので親子ほども離れています。年齢は私の3つ上。うちの2人の兄とは少年相撲の杉並区の代表としてよく一緒に相撲を取ったそうですが、満ちゃんは小さい頃からとにかく無口で、お世辞にも明るい性格とは言えませんでした。

中学校に入ると水泳選手として活躍し、バタフライで当時の中学記録を樹立しました。私も小学校の高学年から水泳クラブに通っていたし、大人になってからはスイミングスクールのインストラクターをしていたので、満ちゃんがどれほど水泳界から将来を嘱望《しょくぼう》されていたかよく知っています。

まさかその満ちゃんが、中学校を出てすぐ角界入りするなんて予想もしていませんでした。しかも「土俵の鬼」などと言われるお兄さんの部屋に入って、あのやせっぽちの身体で角界一の猛稽古に耐えられるのかしらなどと、花田家と中島家の女性たちの間でひとしきり話題になったものです。

実際、入門してから相当のイジメに遭《あ》ったようです。なにせ他の弟子からみれば鬼のような師匠の実弟ですから、普段の厳しい稽古の仕返しとばかりに「可愛がり」を受けたのでしょう。

ところが満ちゃんはとんとん拍子に出世し、当時としては史上最年少の18歳で十両入りしてしまいました。そんなこと誰が想像できたでしょうか。

久しぶりに会ったのは、私が輪島と一緒になる少し前の名古屋場所ですから、満ちゃんは引退間近の時期です。実に十数年ぶり。新幹線の名古屋駅のホームで、「五月ちゃん」という声に振り向くと、髷を結った満ちゃんがはにかんだ表情で立っていました。

相変わらずぶっきらぼうな喋《しゃべ》り方でしたが、幼なじみを見かけた気やすさなんでしょう、こんな風に自分から声をかけられるようになったんだなと、私は妙に感心してしまいました。

その頃はもうすでに新聞やテレビで人気の有名人でしたが、私にとっては貴ノ花というより、幼いころの暗くて地味な、いつも何かに耐えている満ちゃんのイメージが強いのです。それは彼が亡くなるまで変わることはありませんでした。

晩年は息子の光司くん（元貴乃花親方）が満ちゃんの意に沿わなかったとも言われていますが、果たしてどんな気持ちで世を去っていったのでしょうか。

父の部屋から独立した二子山部屋は、何年かすると二子岳を皮切りに、この貴ノ花を含め、続々と関取衆が誕生してゆきました。やがて隆の里と二代目若乃花の両横綱に、大関・若嶋津、関脇・大寿山、小結・若獅子等々を擁する大部屋へと成長することになります。

一方、若乃花の抜けた花籠部屋は、大豪、若秩父、若ノ海、若ノ國の幕内４人に十両３人を加えた都合７名の関取を抱える相変わらずの大部屋ではあります。けれどその後何人か関取は生まれるものの、大関や横綱を窺うような力士には恵まれてはいません。若乃花が抜けた以降の花籠部屋は、徐々に尻すぼみの状態だったと言っていいと思います。

協会内での父はと言えば、誰もが認める指導力を背景に、「名伯楽」などと呼ばれていましたが、現役時代の番付が平幕だったこともあり、常に一歩控えて行動していました。

時津風理事長（元横綱・双葉山）が急死した68年には、出羽海一門を率いる武蔵川親方（元平幕・出羽ノ花）を後任の理事長として推薦するなど、相撲マスコミから名づけられた「協会のキングメーカー」を自認しているようでもあり、みずから組織のトップに立とうだなどと、父はまったく思っていませんでした。

仕事と同様、家に帰っても常に家族に気を使うのが父です。私に何かプレゼントをすれば、血のつながっていない姉にも分け隔てなく贈り物をする。私が新宿の伊勢丹百貨店で見かけて素敵だなと思っていたトレーナーも、父はちゃんと察して買ってきてくれる。どうしてわかったのか知りませんが、そんな気働きのできる父が私は大好きでした。

１９７０年の初場所で、花籠部屋には２人のスターが誕生しました。

いずれも日本大学出身です。ひとりはこの場所から十両に昇進した花錦こと後の大関・魁傑。残るもうひとりは幕下付出でデビューし、７戦全勝で優勝した、後の第54代横綱であり、そして私の夫として花籠部屋を継承することになる輪島大士です。

輪島の登場

輪島という才能ある青年の存在は早くから多くの相撲関係者の目に留まっていたようです。二所ノ関部屋の大鵬さんなど、横綱の現役中から当時高校生の輪島博少年を見そめ、石川県七尾市の実家にスカウトしに行ったほどです。

父が初めて輪島を見たのは日本大学の相撲部道場です。花籠部屋の隣の合宿所にやってきた初々しい青年の、その大柄で手足の長い身体を見て父はひと目惚《ぼ》れしたそうです。しかも土俵での相撲勘は天性のもので、それ以外にもあらゆる素質に恵まれていたと、後に父は語っていました。

いずれ大相撲の未来を背負って立つ稀《まれ》な逸材であると見抜いた父は、なんとしても自分の部屋に欲しいと思ったのです。

もちろん日大とうちの関係は、年始には必ず理事長宅へのご挨拶を欠かさないほどで、その絆《きずな》の強さはほとんど一心同体といってよく、たぶん大鵬さんがどんなに懸命に口説いたとしても、自分の方に分があると確信していたと思います。

ただ、学生でいる間はスカウトには動かないという父の方針もあったので、学校側にまず輪島が欲しいという意志を示しておき、本人が学生最後の試合を終えたのを見届けると、すぐに七尾市の実家に出向いて両親に挨拶したのです。

学生時代からなじみのある花籠部屋ならと思っていたのか、あるいは日大側からの声掛かりかもしれませんが、輪島の両親と本人も入門先を花籠部屋一本に絞っていたそうで、話はとんとん拍子にまとまりました。そして卒業を待たずにプロ入りし、70年初場所に出場していきなり幕下全勝優勝してしまったというわけです。

父は3場所で十両に昇進すると予想していたのですが、輪島は何と2場所でそれを実現してしまいました。

天才・輪島は最初から特別扱いでした。

他の新弟子のようにちゃんこ番をさせませんでした。それまでと変わらず日大相撲部の合宿所に住まわせていたなんて噂が流れたくらい、輪島は別格でした。

当時私は高校1年生です。相撲部屋経営は両親の仕事として見ていて、いずれ自分がこの部屋に深く関わることなどまだ想像もしていません。

新十両の番付表を前にした花籠親方と輪島（時事通信）

ですから、輪島は新しいお弟子さんという以上の存在ではなく、まして男性として意識したことなどありません。そもそも日大相撲部の部員は見るからに迫力があります。いかつい身体でいつも学ランを着て街をのし歩くので、阿佐ヶ谷の駅で見かけたら避けていたくらいですから。

スピード出世

翌71年の初場所に入幕した輪島は、11月の九州場所で前頭筆頭に昇進し11勝の成績を収め、72年初場所で三役の座に上ると、それ以後一度も番付を下げることなく9月場所後に大関昇進を決めてしまったのです。

初土俵からわずか17場所、3年たらずの超スピード出世です。そして73年5月場所を15戦全勝で制し、二度目の幕内優勝を達成すると、場所後、横綱に推挙されたのです。花籠部屋の所属力士としては、若乃花が引退して以来、10年ぶりの横綱誕生です。

このころ私はアメリカに留学していましたが、父は狂喜していました。

私が日本に帰国したのは横綱・輪島の全盛期でした。大関時代は満ちゃんとのライバル対決が人気の一番だったようですが、横綱に昇進してからは、北の湖さんとの優勝を争う東西横綱対決が注目を集め、「輪湖時代」の到来だなどと言われていました。

私も力士の娘ですから、大相撲そのものは好きです。

鬢づけ油の香りは中島家の匂いそのものですし、小学校に入る前まではお相撲さんたちとともに地方場所にもついていったので、お手伝いさんと一緒に宿舎のあるお寺から近くの市場までちゃんこ食材の買い出しに行き、食事の後には銭湯に通うのも幼い頃の楽しい思い出のひとつです。

　大阪場所の宿舎となる萬福寺さんは天王寺区にあり、階段を降りてちょっと歩くと黒門市場に行きつきます。いまでこそ外国からの観光客で賑わっているようですが、当時はまだプロの料理人が品定めをするお店ばかりでした。

　私の大好きなお相撲さんはなんといっても美男子の北の富士さん。うちの部屋の龍虎さんも二枚目でしたが、私には北の富士さんしか眼中にありませんでした。

　私は正真正銘の相撲の追っかけでした。アメリカへ留学する前のことですが、当時は相撲好きに火がついたようで、父にお願いして蔵前国技館の枡席チケットを融通してもらい、友だちと一緒に観戦に行きました。

　北の富士さんのお誕生日には九重部屋まで行って、出てきたお相撲さんに、

「これ、横綱に渡してください」

と花束を託したこともあります。

　当時はハワイ巡業が頻繁にあり、父が巡業部長でしたので一緒について行きました。ビーチでサーフィンをする北の富士さんが堪《たま》らなく格好よかった。いまなら私は「スー女」とでも呼ばれていたのでしょうか。

北の富士さんは天下の横綱ですから近寄りがたい存在です。でも私が花籠親方の娘であることなどもちろんご存じで、目が合えば「おう！」と声をかけてくださるフランクな方なのです。だからうちの部屋の力士と対戦するときにも、申し訳ないけど、テレビの前で密かに北の富士さんの勝利をお祈りしていました。

でも北の富士さんは私の恋愛対象ではありません。年齢差だけでなく、銀座のお店にいい人がいるのを噂に聞いていましたから。

それに、私はいずれこの花籠部屋を継ぐべく部屋のお相撲さんと一緒にならないといけないのかもしれないということが、心のどこかで引っかかっていたのかもしれません。

私はピンチヒッター

次兄が父と同じ大ノ海のしこ名で花籠部屋に入門したのは１９６７年の初場所です。でもそれから4年かかっても十両入りできなかった。頑張って５年間ほど関取でいてくれれば、年寄名跡を継承する権利を得られたのですが、最高位が幕下23枚目ではどうしようもありません。

父が停年退職した後も中島家がこの名跡を保ち続けていくためには、娘である私が誰かと一緒になるしかなかったのです。

年寄名跡の数は全部で105あり、そのいずれかを襲名すれば、相撲協会の規定により停年まで最低約1200万円の年収が保証され、一門を代表する理事ともなれば約2100万円が協会から支給されます。

この名跡を入手する資格を持つのは十両で30場所以上、幕内は通算20場所以上を務めた力士のみで、これを「有資格者」と言います。

また、年寄には「部屋持ち親方」と「部屋付き親方」とがあり、当時の出羽海・春日野一門のように基本的に独立を認めない一門だと部屋付きとなりますが、逆に独立を奨励する二所ノ関一門出身ならば、部屋持ちとして一城の主を目指すことも可能となります。

生活の保障された年寄は食いっぱぐれがなく、部屋持ちで関取がいなくても、力士を何人か抱えていれば、協会からの養成費で曲がりなりにも経営していけますし、もちろん関取を多く育てれば、それだけ生活は豊かになります。

そもそも年寄の襲名というものは、師匠の部屋の関取か、同じ一門内で「この人なら」と見込んだ力士を養子に迎え、部屋の身代を譲ったものだそうです。

弟子はその代わりに師匠夫妻を養っていくというのが昔の角界の習わしだったと父から聞いたことがあります。年寄名跡は一般的に「親方株」と呼ばれることから、証券のように金銭取引の対象と捉えられがちですが、実際には有資格者にしか扱えず、法的に相続したり取引できる個人資産ではありません。

でもこれはあくまでも建て前の話。

父いわく、それがやがて養老金を一括で前渡しする形になり、力士と親方の間で高額の取引へと転じていったようです。さらには、資金の潤沢な者が複数の名跡を保有することも珍しくなくなり、それを他の有資格者に貸すことによって、理事選などでの多数派工作に利用することも可能となるわけです。

もっと言えば、実際に金を出したタニマチが陰の所有者となるケースもあって、それが名跡の問題をさらに複雑なものにしています。

うちの父は1952年5月場所で現役を退いた後、高砂親方が保有する芝田山名跡を借りていましたが、1年後の53年5月から花籠を名乗るようになりました。その経緯にはかなり様々な人が関わっているらしく、金額を含めて父からそのあたりの話は聞かされていません。

要は、父が花籠名跡を入手する時点ですでに金銭売買に転化しており、養親を扶養する習わしなど廃《すた》れていたのだと思います。輪島が横綱になったころには名跡の価格は高騰しはじめ、2億円ともいわれる金額で取引されていました。

次兄が関取の夢を果たせないまま角界を退いたのは71年3月場所。花籠名跡を中島家の人間が直接継ぐことはこれで不可能となりました。そこで両親にとって私の存在がより重要になってきたのです。

当時18歳を迎える私ですが、私立の女子高に通っていたこともあり、恋愛経験はまったくと言っていいほどありません。実はそのころから両親によって私をそう「仕向ける」ような出来事が、私の知らないところで起きていたのです。

高校時代には辛うじてボーイフレンドと呼べるような人がいました。学校の先輩の弟さんで、他校の同級生です。

私がアメリカの大学に留学するときには、空港まで見送りに来るくらいの関係で、たまにお茶をしたり、電話で勉強を教えてもらう程度の友人だったのですが、迎えに来た彼を見る父の眼が、なんとも言えず、疎《うと》ましそうだったのをよく覚えています。

その後、彼は整形外科医になりました。ご実家はお医者さんでもありませんでしたから、懸命に努力なさったのだと思います。実は数年前にその彼と久しぶりに再会する機会があり、当時の話で盛り上がったのですが、そこで初めて耳にする事実に、私は驚きました。そしてすべてを理解しました。

私がアメリカへ旅立つすこし前、彼はサツキの鉢植えを買って、私の留守中に実家を訪ねたことがあったそうです。そしてそのとき応対に出た継母から次のように言われたというのです。

「五月はうちの部屋を継がなきゃいけない子なの……」

それを聞いて彼は、中島五月がこの相撲部屋を継承するという大変な立場になってしまったのだということを覚ったのだそうです。

そうか、そんな頃からそのつもりでいたのかと、私はその話に驚きました。たぶん彼らにはそうするしか道がなかったのでしょうが、それはつまり私は兄の「ピンチヒッター」だったのです。

当時の私はそんなことがあったなんて知るよしもありません。相変わらず大相撲が大好きだったし、花籠部屋なしの人生なんて考えられなかった。

相撲部屋の朝は早いし、まだ子供のようなお相撲さんがいっぱいいるんですから、家族旅行なんて望んだこともありません。

私たちが親代わり。お相撲さんには少しでも身体を大きくしてもらおうと、母と一緒に手作り感いっぱいのちゃんこをたくさん用意しました。コロッケなどはお肉屋さんの出来合いではなく、ちゃんと芋から蒸《ふ》かして作っていたくらいです。

私たちはこの花籠部屋と力士たちを心から愛していました。

だから、兄が力士を廃業したからには私がなんとかするほかないのかなと、そういう漠然とした覚悟のようなものが芽生え始めていたんです。

もしそのとき彼が母から引導を渡されていたことを知っていれば私の行動も違っていただろうし、まったく異なる人生があったかもしれない。けれど今さらそれを言っても仕方のないこと。

こうした部屋の継承をめぐる境遇が、私と輪島が結婚するに至る背景にあったのは、もはや運命としか言いようがないのですが、さらに加えて、父と二子山親方をめぐる師弟関係の激変が、父亡き後の花籠名跡をめぐる騒動を遺恨じみたものにしたのです。

少なくとも遺された私はそう感じざるを得ませんでした。

師匠を裏切る二子山親方

時津風理事長が病気のため急死したのは68年12月16日のこと。その翌日に理事長の側近だった武蔵川親方（元平幕・出羽ノ花）が理事長で互選されましたが、これは父が武蔵川親方を強力に推薦したからこそ実現したものです。

その日の理事会は当初、時津風親方の葬儀について話し合うばかりでした。というのも、理事たちにとって時津風理事長という偉大なリーダーの後任人事は、各一門の利害が一挙に噴出しかねない微妙な案件です。会議の流れとしては理事同士の衝突を怖れて棚上げにされかねない状況だったのです。

しかし見かねた父が、「先に理事長を選ばないことには葬儀などあったものではない」と発言し、後任として武蔵川親方の名を挙げたのです。

当時、父が所属する二所ノ関一門は、保守本流の出羽ノ海・春日野一門の対抗勢力です。父が出羽海部屋の武蔵川親方を推すことは、それまでの主流派である時津風一門の反感を買うだけでなく、出身母体の二所ノ関と袂《たもと》を分かつことも意味します。

しかし父にはこの先の協会を率いる人物として、平幕出身ながら頭脳明晰で弁が立ち、経理にも明るい武蔵川親方をおいて他ないという強い思いがあったのです。最終的にこの提案は紛糾せずに理事会で承認され、時津風親方の日本相撲協会葬は、後任の武蔵川理事長の指図の元で執りおこなわれたのです。

二子山親方はまだこのとき平年寄ですが、武蔵川親方を新理事長として推す父の考えに与《くみ》し、父同様に二所ノ関一門と一線を画したのです。阿佐谷勢が二所一門と距離をおくようになったのはこれがきっかけです。

70年の改選を経て、次の72年に第3次武蔵川政権がスタートしますが、このとき二子山親方は平年寄から一気に役員待遇の審判部副部長という要職に大抜擢されます。武蔵川理事長から直々に任命されたポジションは、68年の政権発足以来、二所一門を捨てて武蔵川体制を支え続けた論功行賞なのです。

さらにその2年後の74年の改選で、日本相撲協会の新理事長として春日野親方が互選され、父は第1次春日野政権で理事長に次ぐ日本相撲協会ナンバー2の事業部長に就任しました。

実はこのとき、二子山親方は父を裏切ろうとしたのです。

角界で最も仲の良い蜜月の師弟関係と思われていた父と二子山親方ですが、このころから協会内での出世を企む野望のようなものが、首をもたげたのだと私は思っています。

以下のことは初めて明かすことです。

次の改選を前にした73年の秋ごろのことだったでしょうか。両親が二子山親方をめぐって、茶の間でひそひそ話をしていました。

「二子山は自分が理事になろうとして、オレを引きずり下ろそうとしている」

それを耳にした私は、「あの若乃花さんが？」とびっくりしましたが、両親は驚きというより、肩を落としているように見えました。

少しばかり説明が必要でしょう。

相撲協会の歴代理事長は、明治以降、代々出羽海一門から世襲のようにして輩出されてきたこともあり、角界の主流派は出羽海・春日野一門であり続けてきました。その慣例を破ったのが、伊勢ヶ濱・時津風一門の総帥で、元横綱・双葉山の時津風理事長だったのです。

時津風理事長の急逝で68年に出羽海部屋出身の武蔵川理事長が誕生し、これによって角界トップが保守本流へと戻ったのですが、停年を前にした武蔵川親方は、改選前の73年の時点で勇退することを表明していたため、翌年初場所後の改選での焦点は次期理事長ポストとなっていたのです。

新理事長候補として武蔵川親方が指名したのは、同じく主流派の春日野親方（元横綱・栃錦）です。二子山親方より5歳年長で、2人して「栃若時代」を創りあげ、一世を風靡《ふうび》したことはすでに述べたとおりです。

ところが春日野親方を後任に据えるという理事長の腹案に強く異を唱えたのが、双葉山を輩出した立浪・伊勢ヶ浜一門です。これに二所ノ関親方（元幕内・十勝岩《とかちいわ》）が加わり、トップ奪還を目指して伊勢ヶ浜親方（元横綱・照國満藏《てるくにまんぞう》）を主流派の対抗馬に擁立しようと集票工作をしたのです。

武蔵川政権を支え、次の春日野時代を見すえていた父です。反主流派の動きを阻止すべく、74年初場所開催中に武蔵川理事長とともに中立派を説得してまわりました。そして場所後の予備選を僅差でしのぎ、伊勢ヶ濱親方の立候補を断念させることに成功しました。春日野新理事長の誕生まではこのような経緯があるのです。

私は当時20歳です。相撲界の裏事情についてある程度は理解しています。それまで父とともに武蔵川政権を支えてきた二子山親方ですが、あの方にとって面白くないのは、この改選前に行われた出羽海一門内の調整で、新たに代表理事として内定した元横綱・佐田の山の出羽海親方（第7代理事長）の存在だったはずです。

佐田の山さんは二子山親方より13歳も年下で、しかも武蔵川理事長の娘婿として経済的にも恵まれているうえに、温厚で思慮深い性格です。早くから将来の理事長候補に目されてきた、まさしくサラブレッドなのです。

一方の二子山親方は、戦中の少年期から室蘭の港湾労働者として一家を養い、戦後は土俵を生業の場に転じ、なりふり構わず貧困から脱出しようとした人です。横綱としての成績は圧倒的に佐田の山を上回りながら、そうした異なる境遇が引退後にもついて回る不条理を、初代・若乃花に受けいれられるはずがありません。

しかも盟友の春日野さんが理事長に就任するというそのときに、出世争いで佐田の山に先を越されるのですから、大いなる焦りがあったとしても不思議はないのです。

代表理事は5つの一門合わせて10名。当時、二所ノ関一門の理事は、二所ノ関親方（元大関・佐賀ノ花）と、阿佐谷勢を代表するうちの父です。二所ノ関親方は大鵬を育てた角界の重鎮ですから、それを降ろそうとすれば一門内で騒動になります。

ならば自分の師匠を引きずりおろすしかないでしょう。

父が春日野親方擁立工作をする背後で、二子山親方は父の支持者の切り崩しを謀ったのではないでしょうか。結局、父からの相談を受け事態を憂慮した武蔵川親方と春日野親方が二子山親方をたしなめ、父に詫びを入れさせることで一件落着となったというのですが、このとき露わになったのは、二子山のなりふり構わぬ野心家としての姿です。

当時、輪島が横綱としての全盛期を迎えるに伴い、協会における父の発言力も増大してゆきました。一方の二子山親方も貴ノ花や魁傑などの超人気力士を抱えるなど、社会現象と言えるほどの人気部屋に成長しています。二子山親方の上昇志向は、そうした事情も影響しているのだろうと思うのです。

先述したように、父はよく、「誰にも負けないお相撲さんさえ育てれば、ほかの親方を従わせることができる」と口にしていました。

戦後の日本相撲協会の、その大きな米びつになるような強い力士を数多く生みだしてきた相撲部屋こそ、花籠と二子山です。組織で力を持つべき者は、ひとえに有能な力士をどれほど輩出したかによるべきだと父は信じ、そうして得た力を協会の発展のためにこそ使わなければならないと思っていたのです。

一連の経緯を知る私から見れば、父を裏切ろうとした二子山親方は、その父の考えからは大きくかけ離れています。「自分の欲得を優先させる油断のならない人」として、私は記憶に刻み込みました。

二子山親方が理事に就任したのは、次の改選が行われた76年です。前年の二所ノ関親方の死去により空席になったことによるもので、第2次春日野政権における新理事としていきなり巡業部長のポストに抜擢されました。

二子山親方の野望とも呼べるものは、やがて輪島の不祥事に乗じる形となってこの花籠に襲いかかるのです。

第三章

輪島との結婚と花籠襲名

父の言葉が結婚の決め手

私は輪島を結婚相手として意識したことなど一度もありませんでした。日大相撲部出身ですから常日ごろからうちの部屋に出入りしていたと思うのですが、ほとんど記憶にありません。

あえて言えばただ身体が大きく無骨な顔をした人。ファッションセンスなどかけらもなく、垢抜《あか》けない格好で新宿を歩く「ただむさ苦しい男」、という印象でした。

そんなですから恋愛の対象などではあり得なかったのです。

もっとも向こうは向こうで、私の第一印象を「相撲取りみたいなオンナ」だなどと言っています。たしかに私は身長170センチで肩幅の広い水泳選手ですから、並の女性より体格はいいです。

いずれにせよ異性としてお互いを意識してはいませんでした。

ところがそのむさ苦しい男が私のお付き合いの範疇《はんちゅう》に入ってきたのは、それからだいぶ経って受けた、テレビ局からの取材がきっかけです。

当時私は23歳。スイミングスクールのインストラクターをしていました。そんなある日、ワイドショーのレポーター風の人がスクールに突然現れ、不躾《ぶしつけ》にこう質問してきたのです。

「中島さんは輪島さんとご結婚なさるのですか？」

結婚どころか、たまに家の前ですれ違ったときに「こんにちは」とご挨拶する程度ですから、一緒にお茶をしたこともありません。即座に否定したのですが、しばらく経つと週刊誌にも輪島との結婚のことを書かれました。

なぜこんな話になるのでしょうか。たしかにその頃すでに次兄は力士を廃業しています。入れ替わるようにして入門した輪島は、テレビの取材レポーターがやってきたころは横綱としてまさに全盛期を迎えていました。

そんなことから、花籠部屋の後継者問題は娘の私と輪島のマッチングという期待含みの憶測として、角界に流れていたのだと思います。もしかしたら父もその噂の発信源だったのかもしれません。

巡業への出発を数日後に控えたそんなある日のことです。旅に備えて買い物をするから付き合ってくれと父は言います。下着とか身の回りのものを新たに買い換えるということでしたが、その日の私たち父娘は、まるで恋人同士のように腕を組んで楽しく買い物をしました。

帰り際にお茶を飲んでいると、父がふとこう言うのです。

「仕事もいいけれど、そろそろ女としての幸せを考えてもいいんじゃないかな」

私は家や相撲というものに束縛されるような人生は嫌だと思っていました。父も常日ごろから「五月は嫁にやらん」というのが口癖だったので意外でしたが、次のひと言がずしりと来ました。

「メイ、あいつはいいヤツだよ」

名前を口にしませんでしたが、輪島を指していることはすぐわかりました。私が輪島を結婚対象として意識し出したのは、それがきっかけです。

果たしてほどなくすると、輪島から食事に誘われるようになったのですが、マスコミや一般の方の目を意識していつも大人数グループの食事会だったので、「デート」からはほど遠く、ロマンチックな雰囲気などまったくありませんでした。

プロポーズめいた言葉があったのは1980年のいつだったか、その内容も忘れてしま

1980年9月、花籠親方を中央に右が長女の五月、左が後妻の富美子。

いましたが、父の言葉だけはいまでも記憶しています。

輪島は入門からわずか3場所で関取になり、2年後の秋には大関への昇進を果たすという記録的なスピード出世でした。

言い換えれば、新弟子の下積みがないぶん、相撲界の作法やしきたりを身につけ、またこの社会の空気になじむ時間がなかったとも言えます。

いわゆる「ちゃんこの味が染みていない」力士の典型でした。

まるで苦労を知らない人ですから、十両入りして早々に飲み歩き、浮き名を流すようになりました。銀座の高級クラブに日付が変わるまで居すわり、ホステスとアフターを過ごしては朝帰りです。男性のそうしたことに疎《うと》い私の耳にも入ってくるのですから、相当な遊び方だったのだろうと容易に想像できます。

父は輪島に対して、ずいぶんと「過保護」でした。

今にして思えば、同じ力士としてその類い稀《まれ》な相撲の才能に目が眩《くら》んでいたのかもしれません。新弟子であるのに食事は親方家族と一緒です。父は輪島の大活躍を確信しているようでしたから、本場所で負けると、それはそれは機嫌を悪くします。

家族のなかで父にものを言えるのは私くらいしかいません。輪島に土がつくと周囲に当たり散らすので、急いで父のもとに駆けつけその場を取りなせるのは私をおいて他にいないんです。

そんな輪島が広島の暴力団と関係し、そのトップとの間柄をめぐって協会内部で話題になったこともありました。

輪島と広島共政会

輪島と広島の共政会との結びつきは、本人いわく最初は自民党のさる代議士からの紹介だったそうです。

共政会といえば、東映の『仁義なき戦い』でも描かれた広島抗争の一方のモデルとしてつとに有名です。

その共政会の当時理事長だった山田久さんが、3代目の会長に就任したのは、輪島が花籠部屋に入門したのと同じ1970年。前年に拳銃で撃たれて重傷を負った山田会長は、共政会の内部抗争に端を発する、いわゆる「第3次広島抗争」という戦いの渦中にありました。

他の組を巻き込んで長いこと報復合戦が続きましたが、その年の5月に両者は和解となり、共政会は統一されて広島の街に平和が訪れました。

トップに立った山田会長は、1987年にお亡くなりになるまで共政会に長く君臨し続けたのです。

輪島が父を巻き込むトラブルになりかけたのは、第3次広島抗争の最中のこと。ある銃撃事件が起きたとき、仲裁に入った山田会長が輪島のしこ名入りの浴衣を身にまとっていて、その姿がテレビのニュース番組で大映しになったのです。

父はたまたまその映像を見ており、そこで初めて輪島と山田会長との関係を知ったそうです。相撲協会のなかにもこの映像を見た親方がいて、父に連絡をしてきましたが、広島の関係スジからも時を経ずして父に連絡が入りました。

「輪島は山田さんと、どがぁ関係ですかいの」

抗争の最中ですから、電話の声音は真剣です。返事次第では花籠部屋に押しかけてくるやもしれず、そうなればマスコミを騒がせ相撲協会にも累《るい》が及ぶ事態となります。

父が輪島に質《ただ》したところ、山田会長との関係は大タニマチというほどではないとのことでしたが、宴席に呼ばれ、ご祝儀を頂いたこともあったようです。しこ名入りの反物は、その際に贈ったとのことでした。

それは稽古場で「泥着《どろぎ》」と呼ばれるもので、稽古後や取組直後に羽織る普段使いの浴衣です。横綱・大関をはじめとする幕内の関取衆は、毎年夏になるとその反物をいくつもこしらえて、タニマチや親しい人たちにご挨拶がてら差しあげるのが習わしなのです。

山田会長は「輪島」の名の入った反物を浴衣に仕立て直して身にまとい、横綱の威光を背に、命がけで組織を治めたのでしょう。

父だってかつて巡業部長をしていましたから、そちらのスジの方々とお付き合いはもちろんあります。この件はいろいろと手を回して丸く収めてしまいました。

相撲と暴力団の関係については、父から少しだけ聞いたことがありますが、古くから両者は本場所興行や地方巡業を通して深い関係にあったそうです。

そもそも巡業を相撲協会の全力士が一堂に会す形式に改めたのは、本場所が年6場所開催となった1958年ごろのことです。

それ以前は本場所開催が年に2、3回しかなかったことに加え、一場所の興行日数も今よりもっと短かったため、その収入だけでは相撲部屋を経営していくことは困難でした。

そのため各部屋の稼ぎの多くはもっぱら全国各地を巡回興行することで得られていたのです。本場所の合間を縫って行う巡業は、師弟関係が同じ系統の部屋同士が組んで行うのを常とし、看板力士がいれば興行成績だけでなく、ご祝儀の収入も見込めます。

そしてこれら利益を分け合う各グループを、父が現役でいたころは「組合」と呼んでいました。「二所ノ関組合」だったり、「出羽海・春日野組合」、「高砂組合」等々、たくさんあったそうです。

巡業形式が組合別ではなくなった後も、それらは歌舞伎や落語など他の伝統芸能と同じように、「一門」と呼びならわす派閥のようなものとして残りました。

現在の日本相撲協会は、これから一門を5つに統合し、それぞれから選出された親方衆が過半数を占める、「理事会」によって運営されています。

戦後の花籠部屋が二所ノ関部屋から独立したとき、当時の父は部屋独自の興行で生計を立てようとしていたのですが、若乃花という人気力士が登場するまで切符はなかなか売れなかったそうです。

地方で相撲興行を開催しようとすれば、その興行権を買ってもらう「勧進元《かんじんもと》」を求めて、地元の興行師と懇意《こんい》になる必要があります。興行師はその土地の有力者との利害を調整し、チケットを売りさばいて利益を得ます。

大相撲と共生関係にある彼らは、あらゆるトラブルを処理する地域の顔役を兼ねていることが多く、その実態が暴力団そのものだったり、またはそれに関係する人たちであったりすることが多かったのです。

巡業部長をしていた父は、山口組3代目組長の田岡一雄さんには興行面でずいぶんと助けてもらったようで、関西方面におもむけば必ずご挨拶に伺い、正月には田岡さんからの年賀状がわが家に欠かさず届いていました。

それだからか、お相撲さんには博打《ばくち》好きが本当に多い。師匠のなかには勝負勘を養うためだといってそれを奨励する人までいます。

巡業地の支度部屋で花札に興ずるのはお相撲さんを取り巻く風物詩ですが、やがてそれは競馬や競輪、競艇などの公営ギャンブルに高じていきます。それに止《とど》まらず、繁華街の裏カジノなどにも出入りするようになれば、それら鉄火場を支配する広域暴力団とのお付き合いも生まれます。身のほどを知らなければ破産する力士も出てくるわけです。

輪島と広島の暴力団との関係も、そういった過去の因習のなかから生まれたことなのです。この大相撲の社会が生計を立てていくためには、かつてそういった組織が必要だったときもあったのだと、私は理解しています。

実を言うと、結婚前に輪島に連れられて、ご挨拶のため山田会長を訪ねたことがあります。広島駅に着くと会長が差し向けたリムジンに出迎えられました。そこから港に直行し、岸壁に接岸している船に乗り込むと、極上の牡蠣《かき》が振る舞われました。

夕刻になって繁華街に繰り出したのですが、通る道の角々にはすべて組員の方たちが立って警戒しています。まさしくヤクザ映画のなかに迷い込んだかのようでした。

結婚という親孝行

輪島の金銭感覚や職業倫理は、相撲社会の来し方とはまったく関係ありません。もちろん山田会長からの薫陶《くんとう》などでもありません。つまり相撲部屋に入門してからそうなったのではなく、生まれながら大きくズレていたようにしか思えないのです。

どうして私がそんな輪島と結婚する気持ちを貫《つらぬ》くことができたのか、それを自分自身突き詰めて考えてみれば、つまり父親孝行をしたかった、ということに行き着くのだろうと思うのです。

そこにはやはり「花籠名跡」の継承問題がありました。戦中から戦後にかけて父と母が大変な苦労をし、その後も手塩にかけて大きくした相撲部屋です。それを中島家以外の者に継がせるのは嫌なのだろうなと、私は察していました。

でも輪島は夜の銀座の有名人ですし、常識ではかることのできない男ですから、すんなり家庭に入るとは思えませんでした。

私は父に、「あの人と結婚しても大丈夫かしら」と不安な気持ちを正直に打ち明けました。

すると父は「いいかいメイ」と言って、こう諭《さと》されました。

「サラリーマンと結婚したら、好きなものを食べたり飲んだりする生活なんてできないんだよ。この花籠にいるからこそお前にも贅沢《ぜいたく》をさせてやれるんだ。そこのところをよく考えないといけないよ」

そして呟《つぶや》くようにこう言いました。

「あいつだって髷《まげ》を切れば変わるさ、決して悪いやつじゃないんだから」

お相撲さんが女性にモテるのは、チョンマゲを結っているときだけだと、父はそう言いたかったのでしょうし、やがて土俵を去るときがくれば、次は指導者として地に足のついた生き方をせざるを得なくなるに違いないのだと――。

私は父の言葉をそう解釈して輪島と一緒になることを決意したのです。

父は娘の私を心から愛してくれていました。物心ついたころから地方場所にも一緒に連れて行くほどで、それこそ顔じゅう舐《な》められるのではないかと思うほどの子煩悩《こぼんのう》ぶりでした。アメリカに旅立つときなど、「行かないでくれ」と言って空港で泣かれてしまい、閉口したほどです。

輪島との結婚は、父の言う「贅沢な生活」を維持したいからでは決してありません。もちろん生きていくうえでお金は必要ですが、それが目的では不純というもの。単純に、この花籠部屋を継ごうと考えたのです。

でもそう勧める父に従ったのは、それまで父の庇護《ひご》のもとから離れたことなどなかった私がそこから抜け出ようなどと考えも及ばなかったという以上に、空港での父の涙が、ずっと私の心に染み込んでいたのかもしれません。

でもいつかあの世でお父さんに再会したら私は言いたい。お父さん、結局この結婚は失敗したお見合いみたいなものだったね。あの人は何も変わらなかったよ。本当に、本当に大変だったのよ、と。

安倍晋三も招いた大披露宴

輪島との結婚式は1981年1月29日のこと。大安の木曜日です。私は27歳、輪島は33歳のまだ現役の横綱でした。

結婚披露宴が行われたのは東京プリンスホテルの「鳳凰の間」。前年の11月には俳優の三浦友和さんと歌手の山口百恵さんの挙式も行われた大宴会場です。

スポーツ紙などによると、結婚式にかけた費用は1億5000万円、招待客は約3000人と報じられましたが、すべて父と輪島とで準備が進められていたので、私は式の詳細などさっぱり知らされていません。あれよあれよという間に当日を迎えてしまったというのが実情なのです。

最初は各一門の親方衆を中心とした相撲界のみの披露宴にするつもりでしたが、お世話になっている後援会の方々に不義理をしてはいけないという思いに加えて、芸能人や有名スポーツ選手好きの輪島が、お声をかけるうちにどんどんと規模が膨れあがっていったようなのです。

披露宴にお招きした方々は多士済々です。

媒酌は安倍晋太郎通産相（当時／共同通信）

当時、輪島の後援会長をされていたご縁で、自由民主党の安倍晋太郎先生ご夫妻には媒酌の労をとっていただきました。披露宴に先立つ結納式は中島家で行われ、ご夫妻とともに当時お父様の秘書をされていた安倍晋三さんも阿佐谷に見えられました。

結納は滞りなく終えられたのですが、当日は緊張しきりで、どんな会話をしたかなどほとんど憶えていないのです。ただ息子さんの安倍晋三さんがお父様とともに終始笑顔でおられたことだけは記憶にあります。

あとは元総理の福田赳夫先生。それから当時の横綱審議委員会委員だった稲葉修先生（元法相）もお招きしました。お相撲とお酒が好きで、花籠部屋にもよくお見えでした。トレードマークの羽織袴を召してうちの部屋にやってくると、一気に上がり座敷に灯りがともったようで、稽古場の雰囲気がパッと明るくなります。

わが家でお食事していかれますが、楽しくお喋《しゃべ》りをして、最後はいつもベロベロに酔っ払ってお帰りになります。私はそんな稲葉先生が大好きでした。結婚式のときは前年の選挙で下野されていましたが、以前と変わらず意気軒昂なのが嬉しかった。

輪島の大タニマチといえば、佐川急便の佐川清会長と福島交通の小針暦二社長がいます。どちらにより肩入れいただいたかといえば、小針さんのご長男の小針美雄さんがことに熱心でした。私たちが結婚したころはまだ羽振りがよかった福島交通ですから、後に経営破綻することなど想像もできませんでした。

芸能界では勝新太郎さん、萬屋錦之介・淡路恵子ご夫妻、森繁久彌さん、芦田伸介さん、十朱幸代さん、小林旭さん、松方弘樹ご夫妻、関口宏ご夫妻、石坂浩二・浅丘ルリ子ご夫妻、ハナ肇さん、柳家小さん師匠、ディック・ミネさん、五木ひろしさん、千昌夫さんご夫妻などです。

披露宴にご招待するに際して、事前に何人かご挨拶に伺ったのですが、石坂浩二さんと浅丘ルリ子さんご夫妻は素敵なカップルでした。

広尾の大きな邸宅にお住まいで、ローストビーフの作り方を石坂さんに教えていただきました。「いい肉を使わなくっちゃだめなんだよ」と仰《おっしゃ》います。料理の腕前はプロ級で、とにかく美味しかった。

傍らの浅丘さんが「兵ちゃん（本名・武藤兵吉）の作るものはなんでも美味しいから」と仰っていたのをよく覚えています。

石坂さんは多芸多才で、結婚のお祝いに横綱の絵を描いていただきました。博識で世間の様々なことをご存じの石坂さんとお付き合いしているのだから、もっといろんなことを教えてもらえば、輪島も知性や教養を磨けるのになぁと思ったものです。

五木ひろしさんとも親しくしていました。輪島と同じ「ひろし」つながりで、結婚前からよく五木さんの自宅のパーティに満ちゃんの子供たちを連れて行ったみたいです。そう、後の若貴兄弟です。

金田正一と田淵幸一

また、プロ野球の金田正一さんとの親交は深く、ハワイに行ったときも、向こうでご飯をご馳走になったりするなど、家族ぐるみのお付き合いをさせていただきました。金田さんは輪島を語るうえでも重要な方です。

世間では輪島の金遣いの荒さは金田さんからの影響だと言われることもあったようですが、金田さんのお人柄やお金の使い方を見ると、私にはそうは思えないのです。金田さんは決して派手な生活をしろとだけ話したのではなく、贅沢をするぶん、一生懸命に働かなければならないという、金田さんなりの豪快な生き方を語られたのだと思うのです。

ところが輪島はどうもそれをはき違えて、高級な外車に乗り、銀座で遊び回るという華美なところだけを実行してしまったと思うのです。もし金田さんに質せば、絶対に「わしゃ、そんなことは言っとらん！」とお怒りになるはずです。

その一方で困った関係だったのは、西武ライオンズの田淵幸一さんです。

田淵さんと輪島は、たぶん銀座の飲み屋で知り合ったのだと思うのですが、いったい誰に言われたのか、田淵さんは交際中の私たちをけしかけ、結婚させようとしていました。

あるとき当時の田淵夫人から突然電話がかかってきました。

「田淵幸一の妻の博子でございます」と言うと、しきりに輪島の長所をまくしたてるのです。こう仰いました。

「私たちは輪島さんの人柄をよく知ってますが、ほんとにいい方なんですよ。五月さん、もしお嫌いじゃなければぜひ一緒になられたらいいと思う」

田淵博子さんのことはテレビや雑誌でお顔は拝見していましたが、それまで一面識もない女性です。ずいぶんとお節介な人だと思いましたが、なんとその電話を境にしょっちゅう中島家を訪れるようになったのです。そしてそのたびに私の両親と親しげに話していきます。

ご主人の田淵幸一さんも、試合が終わった後に輪島と示し合わせて都内で食事をし、最後は銀座に繰り出していたようです。こうして田淵家と中島家は、見かけ上はいわば家族ぐるみのお付き合いとなったのです。

ところが私たちの結婚が具体化し出したころ、今度は逆に田淵さんご夫妻の関係が怪しくなってきたのです。

ある日の深夜のこと、田淵さんからうちの実家に突然電話がかかってきました。

「うちの博子はそっちにいませんか？」

奥さんが家を出てしまったようで、ずいぶんと慌《あわ》てていました。そんなことが何度かあって、ついに離婚調停へと進んでいくわけですが、田淵さんから輪島にたびたび相談の電話がかかってくるので、ついにうちの父が怒ってしまった。

「これから幸せになろうっていう娘がいるのに、よりによって離婚相談だなんていったいどういうつもりなんだ！　こっちを巻き込むなと言っておけ！」

そう輪島のマネージャーに怒鳴りつけていました。

すったもんだの挙げ句、私たちの挙式が行われた同じ1月に、田淵夫妻の離婚は成立しました。新しい生活に臨もうという私にとって、田淵さんと言うと、そんな縁起の悪い記憶しかありません。

結婚の2か月後に横綱引退

私たちの披露宴は見栄ばかりが優先されていました。それを象徴するように、私のエンゲージリングは借り物でした。

輪島のマネージャーをしていたのは日大相撲部の後輩ですが、その彼が知り合いの宝石商から借りてきたのが、5カラットものダイヤモンドリングでした。そんな大げさな指輪ですから、式が済んだらさっさと返してしまいました。

結婚披露宴は輪島の故郷でも行いました。式は七尾のしきたりにのっとったもので、輪島の親族だけでなく、地元後援会員も列席された豪勢なものでした。けれどこれも輪島の地元後援会がスポンサーとなっているので、輪島の負担額はゼロです。

それら2回の結婚披露宴で得られた収入は、すべての支払いを終えた後に父から預金通帳でもらいました。口座の残額は2000万円。そこから500万円を輪島の実家に贈ったのです。

ところがあとで聞いたら、輪島がそれをすべて回収してしまったそうです。

2月のハワイへの新婚旅行も、費用はフジテレビの『スター千一夜』という番組の制作費から出ています。

それは関口宏さんの司会でゲストに石坂浩二さんを迎え、旅先とスタジオを衛星でつなぐという企画でした。日程はわずか4泊で、付け人や床山さんのほかにテレビクルーも帯同するわけで、いわゆるハネムーンにはほど遠い〝新婚旅行〟だったのです。

とにかく見栄っ張りだけど身銭を切らないのが輪島です。

でも2月といえば、次の3月場所が行われる大阪入りを目前に控えています。そんな時期にハワイに行くのですから、もう端《はな》っから相撲をとる気などなかったのです。

しかも結婚してからというもの、毎晩飲みに出かけ、家に帰ってくるのは牛乳屋さんと同じくらいの明け方です。これは相撲を続ける気がないんだなと私は感じました。

案の定、輪島は大阪場所2日目の土俵を最後に引退してしまいました。

初土俵から11年、68場所目のことでした。横綱在位は47場所、幕内優勝は通算14回で歴代3位（現在は7位）という成績でした。学生出身力士が横綱になったのは史上初のこと。その記録はいまも破られていません。でも、もっとやれたはずなのです。

父はよくこう言っていました。

「あいつは稽古すればもっと強くなるのになぁ」

先述したように、銀座のホステスの島津樹子さんに入れあげ、食事も喉を通らないくらい思い詰めたときに父は輪島に引退を迫りました。とにかく改心して相撲に専念してほしかったからなのですが、父の思いは届きませんでした。

叱られたその場では反省の姿勢を見せるのですが、輪島は結局まったく変わらなかった。父の嘆《なげ》きも輪島が引退するころには口にしなくなっていました。それでも14回も優勝してしまうのですから、やはり輪島は天才だったと言うべきなのでしょう。

引退した理由は力の衰えももちろんあったのでしょうが、具体的なきっかけとなったのは父の停年で名跡の継承が具体化したこと。現役を続ける意欲がそれですっかり失せたのです。

父にしても、場所後の3月22日には65歳を迎えており、協会を勇退することが決まっていました。部屋を残すためには、そこで名跡の継承が必要となるわけです。

輪島による花籠名跡の継承は既定路線であるうえ、何より部屋の師匠はすぐに必要だったことから、引退即襲名の運びとなっていたのです。

病床の父と輪島のハガミ

父をめぐる事情はもうひとつあります。すでに病魔に蝕《むしば》まれていたのです。以前から腰の痛みを訴えていた父は、大阪場所が始まる直前に大阪大学医学部附属病院に行って検査をしてもらったのですが、診察が終わるやすぐに家族が呼ばれ、行きつけの東京の病院で再検査してほしいと言われ、レントゲン写真を持たされました。

御茶ノ水の東京医科歯科大学医学部附属病院で行った精密検査の結果は膵臓癌《すいぞうがん》。もともと糖尿病を患《わずら》っていた父は、すでに癌細胞は全身に転移しており、末期で余命いくばくもないという医師の言葉に私は目の前が真っ暗になりました。

まだこれから輪島にいろいろと教えてもらわなければならないことがたくさんあったのですが、とにかく緊急に入院する必要に迫られました。

輪島が花籠を襲名したのは、父の誕生日の10日前でしたが、父はすでに御茶ノ水の病院でベッドの上でした。

上階の特別室に見舞いに行くと、帰りは必ず出口まで降りて見送ってくれました。私の姿が橋を渡って見えなくなるまで父はずっと立ち続けていました。

ちょうど桜のきれいな季節で、ドラマのように花びらが舞い落ちるのを見あげながら、どうか奇跡が起こりますようにと祈ったものです。

実はこの3月場所中に継母が宿舎の階段を踏み外し、大怪我をして東京の病院に入院していました。このため医師から父の容体や今後の治療方針を聞くのは私の役目となったのです。

輪島にも当然父の容体を伝えました。ちょうど場所後の巡業に参加していたので簡単に帰京するわけにはいかないことは理解できましたが、結局あの人は父が亡くなるまで、一度しか見舞いに訪れませんでした。

それどころか、輪島はマネージャーを通して私にこう言ってきました。

「どうしても金が必要だから預金通帳の全額を融通してもらえないか」

大切な結婚式のご祝儀を用立てるというのに、マネージャーはその理由を知らないと言います。

私はなにを言っているのかと憤《いきどお》り、病室で父に相談するとこう言われました。

「どうせ出すなら気持ちよく出してやれ」

輪島は七尾の実家から回収した500万円を含め、合わせて2000万円ものお金を、後に聞いたところによれば、なんと2か月で使い果たしてしまったのです。

思い返せば、80年11月場所後にも同じように金を無心してきたことがありました。

輪島はこの九州場所で現役最後の14回目の優勝を飾ったのですが、千秋楽の数日後、私が両親と3人で福岡から羽田空港に戻ると、先に帰京していた輪島がリンカーンコンチネンタルで空港まで出迎えにきていたのです。

こんなことはそれまで一度もなかったことなので、不思議なことがあるものだと怪しんでいたら、案の定、その場で輪島は父に「ハガミ」を入れてきたのです。

「ハガミ」とは「端紙」と書く相撲界の隠語で、「端紙を入れる」とは金の無心を意味します。輪島が言う金額は実に百万単位だったようです。

横綱がわざわざ空港までやってきたのは、高額なハガミをするために、空港まで出迎えて親方の心証を良くしようという魂胆なのでしょう。

結婚披露宴のご祝儀2000万円を含め、後にこれらのお金の使い途《みち》を関係者から聞きました。

つまりは八百長相撲の清算金だったのです。

どうも輪島は一場所に何番か白星を買っていたようなのです。稽古不足の輪島ですから、横綱として15日間の場所を戦い続ける自信を持てるわけがありません。そこはお金の力で星を融通してもらっていたというのです。

星の取り引きはケースバイケース。譲ってもらった星は負けて返すか、金で解決するのですが、横綱は買い取りが常識だといわれます。輪島は11月場所後の巡業で、1年分を精算しようとしたとしか考えられないのです。

入院中の父は、輪島が病室に来ないことにひと言も愚痴をこぼしませんでした。髷を切った輪島はいずれ必ず生まれかわってくれると信じていたか、あるいはもう諦めきっていたのか、ついにそれを確かめることはできませんでした。

父の死と輪島の花籠襲名

花籠を襲名した輪島は、現役引退と同時にこの大所帯の親方となりました。でも相撲協会内での親方衆との付き合いや、一門内での振る舞いなど、様々な人間関係に対処していくには経験不足です。ところが父の容体は日に日に悪化してゆくというのに、輪島は何かを学ぼうとするどころか、相変わらず現役当時の生活態度を改めようとはしませんでした。

大関の魁傑は79年に引退し、私たちの結婚式翌月の2月に花籠から内弟子数名を引き連れて独立し、同じ阿佐谷で新たに放駒部屋を創設しました。ちなみに後の横綱・大乃国

（現・芝田山親方）もこのときに放駒に移っています。

魁傑さんが去った後の花籠部屋には常盤山さん（元関脇・若秩父）が部屋付きの親方としてひとり残ったきりです。ところが肝心の師匠は夜遊びに夢中で朝稽古に顔も出さないのですから不安です。

結婚前からどたばたと、私たちには甘い新婚生活などというものはまったくありませんでした。しかも父は死の床につき、母も入院中です。いきなりおかみさん稼業に放り込まれた私は、どうしたらよいのかと途方に暮れました。

子供のころから地方場所ではお弟子さんたちとともにちゃんこ鍋を囲んでいた私です。宿舎となるお寺の奥の間で、お相撲さんたちと寝泊まりするのが楽しかったのですが、相撲部屋の所帯を仕切るのは大変なことなのだなと、おかみさんになるかもしれない自分の未来をぼんやり想像しつつ、子供心に少しだけ憂鬱《ゆううつ》になったものです。

でも父は戦後の苦しいなか、自ら市場に買い出しに行ったりして懸命に部屋を盛りたててきた人です。部屋の切り盛りすべてを後妻として入った富美子さんに任せるのではなく、夫婦で一緒に支え合っていました。継母はそんな父のサポートもあって相撲部屋のおかみさんをやっていけたのです。しかし輪島にそれは望めそうもありませんでした。

髷を切ったって輪島はなにも変わりませんでしたし、変わろうともしませんでした。それどころか父の病状を知っているのに、夜遊びは落ちつくどころか、拍車がかかったようでした。

名跡の取引金額は当時の相場でも2億円以上していたように思います。輪島が遊興にふけることができたのも、その名跡取得のための努力が要らなかったからでしょう。

よく私たち家族は輪島のことを、日本語の通じない人と言っていました。けれど、あの人は言葉が通じないのではなく、人を思いやることができない人だったのです。

父が亡くなったのは結婚式から8か月後の9月20日のこと。享年65でした。父の亡骸《なきがら》はやせ衰えていました。

私はこのときの輪島の行状を忘れません。

要するにこの結婚は部屋を継ぐためのお見合いみたいなものだと私は割りきったつもりでいて、時間が経てばなんとかなるのではないかと思っていましたが、やはりまったくだめでした。

後にあの人はこう言いました。

「別に花籠がなくたって名跡を買ってくれる人はいるんだ。オレが継いでやったから今の部屋があるんだぞ」

オレがいたからお前たち中島家はここで暮らすことができるのだろうと――。

花籠親方の葬儀。左から2人目が富美子夫人、後ろが大鵬親方、
２人おいて二子山親方、右が竜虎、1人おいて輪島。

あの人にしてみれば、当時の輪島の個人後援会員だった福島交通の小針さんに頼めば、名跡の1つや2つ買ってくれるだろうし、「輪島相撲道場」だって建ててくれるに違いないと思っていたのでしょう。

しかも、輪島の実の妹が東京でちゃんこ料理店をいくつか経営していて、その手腕によって売上は順調だという話でした。その役員に名を連ねている輪島は、利益の一部が自分の小遣いとして労せずにこれからも懐に入り続けるのだと、そんな甘っちょろい皮算用を思い描いていたのです。

とんでもない考え違いです。

仮に名跡と道場を誰かのお金で自分のものにできたとしても、部屋を経営し、弟子を集めて育て、そして関取にするにはとてつもない努力が必要だし、責任が伴うことです。そんなことなどあの人にはまったくわかっていない。

父が他界し、ついに輪島に意見する者はいなくなりました。父の死の10日後の9月30日に、輪島の引退相撲が行われましたが、私にはその収支はおろか、ご祝儀がその後どのように使われたのかも輪島は明かしませんでした。

輪島の第二の人生の門出は皆に祝福される煌《きら》びやかなものでした。けれど、それは輪島という人間の角界における最後の輝きだったのです。

うちの部屋に昔からいる呼出さんから、面と向かってこんなことを言われました。

「この世界はカネ次第なんだよ、骨折りをちゃんと出さないとみんな動かないよ」

手間賃のことを相撲界の隠語で「骨折り」と言います。親方や関取から付け人、行司、呼出などの若い衆に渡される小遣いなど、そうした「祝儀」が潤滑油となって相撲界の人間関係は回っています。また、その多寡《たか》によって働きの度合いを変えるのです。

言い換えればお金で人を計っているわけで、子供のころからよく知るその呼出さんは、実際に私たちを無視しだしたのです。角界のしきたりに疎いうえに金遣いの荒い輪島の足下を見たのでしょう。師匠の死を境に手のひらを返すような人がいたことは、同じこの大相撲の社会に棲む人間として、ひどく嫌な気分になったのもまた事実です。

第四章

父逢いたさに自殺未遂

横綱は発展家

私は本当に結婚をしたのだろうかと疑うこともあったくらい、輪島との新しい生活は空《くう》疎《そ》だったし、他人行儀でした。

あの人に声をかけるときの呼び名は、「横綱」や「親方」でも、まして「あなた」などでもありません。それは「輪島さん」。ときおりお酒の席でふざけて「ヒロちゃん」なんて呼ぶこともありましたが、結局よそよそしいままでした。

輪島は以前、渋谷区神宮前のいわゆる億ションに住んでいました。花籠部屋がある阿佐谷に比べたら夜遊びには遙かに都合の良い場所です。

けれど、本来弟子たちと同居するのが前提の師匠が、渋谷から通うのではさすがに都合が悪く、結婚の数か月前までにはＪＲ東中野駅近くのマンションに引っ越していました。

ところが新居となったその部屋にいざ住んでみると、輪島が生活している気配などまったく感じられませんでした。

父が他界して以降も連日連夜の午前様です。この人はこれまで一体どこで暮らしていたのだろうと思うほどで、稀《まれ》に家にいるときはひたすらテレビで娯楽番組を観ているか、電話帳を繰りながら様々な飲み仲間に電話をかけまくっています。部屋経営のこととか、家計のやりくりなどいろいろと相談しなければならないこともあったのですが、輪島はその暇《いとま》を与えてくれませんでした。

私はなんとか会話のとっかかりになればいいと思い、東京場所のときには毎日重箱のお弁当を持たせました。実母が生きていたころ、父も弁当持参で場所に通っている写真を見た記憶があったので、それを真似してみたのです。

弁当は果たして自分で食べたのか、それとも付け人が平らげたのかわかりませんが、いつも空っぽにして帰ってきました。それでも普通の会話が交わせる夫婦になるのは、やはり難しいことでした。なにせお重が帰ってくるのは、いつも私が寝た後ですから。

地方場所でも同じこと。当時の九州場所の宿舎は、博多の繁華街から外れた海っぺりの百道《ももち》海岸にありました。現在は「福岡ヤフオク!ドーム」や「福岡タワー」があるあたり。玄界灘《げんかいなだ》からの吹きさらしに海の家がいくつも並んでいて、海水浴シーズンが終わって秋になると、それらのいくつかが相撲部屋の宿舎に様変わりするのです。

花籠部屋の宿舎は「ピオネ荘」という海の家で、隣が二子山部屋の宿舎だったこともあり、輪島と貴ノ花の親友2人が大関としてライバル関係にあったころは、数多くのマスコミやファンがこの百道海岸へ詰めかけたものです。

ちゃんこの食材は、毎日リヤカーに肉や魚や野菜を山積みでやってくるおばちゃんから仕入れました。福岡の西新《にしじん》のあたりにはそういう女性たちが多くいたのです。ときにはその西新まで自転車で食材を買いつけに行きましたが、11月の九州はとんでもなく潮風がきつく、そんなことを毎日していると、たちまち顔や手足の肌が荒れてひび割れてしまうのです。

稽古場の土間でおばちゃんから買い込んだ食材を仕分けしますが、これが寒いのなんのって、博多入りしてからそれを連日やらなければいけない。連れ合いがこの作業を分け合ってくれれば苦でもないのですが、輪島はそんなことを一切しませんでした。

九州はタニマチさんからの差し入れも豊富でしたし、たしかに11月場所は力士たちにとっても食の楽しみのある場所なんです。しかも夜の博多は力士たちにとって遊ぶのに事欠かない街です。場所中も「ゲン直し」と称して中洲に繰り出すのが年の納めの九州場所でした。

そんなお相撲さんたちをよそに、場所後の相撲部屋の師匠には大切な仕事が待っています。力士たちが冬巡業に出かけている間に、新弟子のスカウトに出かけるのです。熱心な親方ならば、名の知れた大学や高校の選手だけではなく、地方に埋もれている「わんぱく相撲」の少年などの耳寄り情報を求めて、場所中から後援会や学校関係者と連絡を密に取っています。

あるいは現役の終わりが見えてきた横綱ならば、部屋の独立を目指して内弟子を取るものです。

しかし花籠部屋の新しい師匠は、現役の横綱時代からそんなことをする気配もありませんでした。

朝稽古にも顔を出さず、稽古終了を見はからってゴルフバックを担ぎいそいそとコンペに出かけてしまう。そして夜には博多のクラブでホステスを相手にし、百道海岸にタクシーで帰ってくるのは明け方というありさまです。

11月場所中のある日のことでした。私は親戚の結婚式に出席するため、1泊の予定で帰京しました。翌朝の飛行機で東京から戻ると、洗い場に洗濯物がまとめてあります。そのなかの輪島のワイシャツを見てびっくりしました。なんと口紅まみれだったのです。

私はその場で激高し、2階にある輪島の部屋から荷物を全部外に投げ捨ててやりました。拾い集めてくれた若い衆には申し訳なかったのですが、輪島のこの手の話はこれだけではありません。

九州場所後に長兄から聞いて知ったことなのですが、たまたま九州場所中に国内線のパーサーとして福岡空港行きに乗務した兄は、同僚の女性客室乗務員4、5人を、その日の打ち出し後に宿舎へお招きしました。そして、輪島を囲んで花籠部屋自慢のソップ炊きのちゃんこ鍋を振る舞ったのです。サービス精神旺盛な輪島のことですから、その場は大いに盛り上がりました。

ところがその夜、兄の宿泊先のホテルに輪島から電話があり、なんとこう言ったというのです。

「兄さん、左から○番目に座っていた女の子を紹介してくれない？」

よりによって自分の妻の兄に交際相手の仲介を依頼しているわけです。

東京に戻り、兄から「実は」という形で初めて聞かされたとき、私も兄も互いに呆《あき》れて言葉もありませんでした。心も身体も百道浜の砂地に沈んでいくように力が抜けます。私たち中島家の人間を侮辱しているという認識が輪島にあるのかないのか、この人は生涯こういうことをするに違いないと思い知りました。

そもそも本当にモテる男というのは、黙っていても女性の方が放っておかないものです。北の富士さんなどがその典型だと思いますが、それに比べれば輪島など野暮そのものです。死んだ輪島にそこまで言うかと叱られるかもしれませんが、思い出すたびに怒りがこみあげてくるのです。

この九州場所で起こったことはこれだけではありませんでした。極めつけは、大麻の所持という驚天動地の出来事です。

輪島の大麻所持

大麻を初めて見たのは、アメリカに留学していたころです。ルームメートから、「これがマリファナよ」と、手のなかのものを覗いたことがありました。この煙の匂いがそうだと教えられもしましたが、自分で吸うことなどありませんでした。

ただ、ビニール袋に入ったタバコの葉のようなものを崩して、紙で巻いてタバコ状にして火をつけるのだということは向こうの常識として知っていました。

こともあろうに輪島がそれを持っていたのですから仰天です。

場所中のある夜遅くのことでした。宿舎に帰ってきてすぐに寝入ってしまった輪島が脱いだワイシャツを洗いに出そうとあらためると、胸ポケットに何か入っています。輪島はワイシャツにいろんなものをつけてくるのですが、あれ、なんだろうと思い指で探ると、小さなビニール袋がありました。つまみあげると透明な袋のなかに、タバコの葉をバラしたような細かい切れ端が束になっていました。

すぐに「大麻だ！」とピンときたので、寝ている輪島を叩き起こして問い質《ただ》しました。

「ねぇ、これって大麻じゃないの！　どこで手に入れたの？」

輪島は一瞬バツの悪そうな表情を浮かべましたが、私から目を背《そむ》けると、なにも言わずにまた布団を被ってしまいます。それからいくら問うても一切答えようとしませんでした。果たしてそれは酒の席でのことなのかわかりませんが、あの人はたぶん大麻を吸っていたのでしょう。けれど自分から積極的に買い求めたわけではないのだろうなとも思います。どれほどバカでも麻薬を所持することがどれほどリスキーなことなのかくらいわかるはずです。

たぶん、輪島は誰かに手渡されたものを持ち帰ってしまったのではないでしょうか。むしろ無造作にポイと捨てなくてよかったのかもしれません。

輪島の周囲で大麻を持っている人間の目星はついていました。

それは輪島の個人後援会に所属するある男性です。東京の披露宴にも来ていただいた人で、普段から大麻を所持しているという話は、その親しい方から聞いてはいました。輪島とは銀座で連れだって飲み歩いていることも知っていたので、以前から私は心配していたのです。

しかし輪島も酒に酔っていたとはいえ、あまりにも迂闊《うかつ》です。もしこんなことが表沙汰になったら、輪島は警察の厄介になり刑事処分を受けて世間を騒がせるばかりか、日本相撲協会全体の大問題となってしまいます。

なによりも、父が懸命に育てあげた花籠部屋に累《るい》が及ぶことは間違いないだろうと思いました。

私はとっさに大麻の小袋を自分のポケットに隠し、ワイシャツとひとまとめにして大きなゴミ袋に入れておきました。このまま部屋に置いておくことなどできません。夜が明けると、福岡近郊に住む親戚の家に行き、事情を話して捨ててもらうことにしたのです。

もしあのときこの一件が世間に露わになっていたら、少なくとも花籠名跡は協会に剝奪《はくだつ》され、輪島は追放処分となり、中島家による花籠部屋は早々に終わっていたと思います。同様に相撲界も、野球賭博や八百長が表沙汰になった2011年のときのように世間から叩かれていたことでしょう。

父が亡くなってまだ2か月あまりしか経っていないのに、こんなことをしでかす輪島がひたすら危ういと思ったのを憶えています。

銀座のジャンボ

1981年の九州場所も千秋楽を迎えると、力士たちは冬巡業に旅立ってゆきます。1年のうちで夏巡業に次ぐ長期の地方興行です。この時期の稽古が力士の成長を促すといわれるほど、お相撲さんにとって大切な巡業です。

そして親方衆は弟子たちが旅に出かけている間にスカウトのため地方に飛ぶのですが、輪島は相変わらずです。師匠の死によって重しをなくした輪島は、もはや糸の切れた凧《たこ》のようで、勝手気ままに遊びたい放題でした。

年が明け、82年になると、輪島の女性関係がマスコミに書かれ始めます。週刊誌の記者から突然の電話取材を受けたのは3月の大阪場所中のことでした。

相手は銀座のホステスです。聞けば、身長170センチ以上あり、「銀座のジャンボ」と呼ばれ、怒らせると包丁を振り回して暴れるという噂の猛女です。

そのとき私は一時的に戻った東京から再び大阪入りし、ホテルの客室でひと休みしていると、週刊平凡の記者と称する男性から部屋に電話がかかってきました。

宿泊客の了解もなしに外線電話をつないでしまう当時のホテルにも困ったものですが、その人物は私にこう訊《たず》ねるのです。

「銀座のSっていうお店のホステスで、T・Aさんってご存じですか。輪島さんともう長いことお付き合いしているそうです」

そんなことを妻の私が知っているわけないです。それとも相撲取りの妻というものはそのようなことにも泰然としていなければならないのでしょうか。少なくとも私の実母と継母にはそのような経験などありませんし、そもそも父が妻を悲しませるようなどしません。

そこではたと思い出したのが、輪島のマネージャーがときおり差し出す請求書の店名です。それこそまさしく銀座のSという頭文字のクラブで、飲み代がひと晩で数十万円のときもありました。記者は電話でしつこく食い下がり、私から何か引き出そうとしています。

「もういい加減にしてください！」

と電話を切った後、「なるほどそういうことか」と、そこで輪島の行状が得心できたのですが、そのT・Aという女はとんでもない策士でした。週刊平凡に掲載された記事は、すべてこの女へのインタビューで構成されていました。

記事のなかで彼女はなんと、「花籠親方（輪島）は五月さんと離婚を決意したらしい」と、私と輪島の結婚解消が決定的であるかのように語り、そして私たちの婚姻を「お姫様と家来の結婚」と評しているではないですか。

どのような事態が起こっているのか最初は見当もつきませんでしたが、要するにこれは記者に書かせた私への宣戦布告なのです。

輪島は私との格差婚にそもそも嫌気がさしていたのだと、彼女はそういった輪島の内心を知るくらい以前から深い関係にあると、そう言いたいのでしょう。

輪島は有名人ですから、こうした尾ひれがついた噂話を書かれてもある程度仕方がないかもしれませんが、私はスポーツ選手でもなんでもない一般人です。なぜ私が巻き込まれなければならないのか最初は理解できませんでした。この人と結婚するということは、つまりこういうことなのかと気づき、暗澹《あんたん》たる心持ちになりました。

部屋の者に訊ねると、このT・Aという女は九州場所千秋楽後に開かれる花籠部屋のパーティにも来ていたそうです。

なにせこの女は輪島だけでなく、例の大麻所持の疑われる個人後援会の男性ともお付き合いがあったというのですから、私にとっては好ましからざる人物であることに違いはありません。

週刊誌の記事が出て以来、この女の痕跡が輪島の周辺のそこかしこから感じられ、私の悩みの種となったのです。

ロス疑惑・三浦和義からの誘惑

結婚式前、輪島が用意した東中野のマンションに入ったばかりのころ、見知らぬ男性から自宅に電話がかかってきました。

「五月さんですか？　私のことわかりますか？」

自ら名のりもせず、のっけから問いかけてくるのはあまりに不躾《ぶしつけ》です。しかも聞き覚えのある声ではありません。

どちら様ですかと訊ねました。

「イニシャルでMと言います」

横綱・輪島の自宅の連絡先を知っているくせに、匿名《とくめい》なんていかにも怪しい。すぐに切ってしまってもよかったのですが、高校時代の私を知っていると言います。

「五月さん、高校のころ、よく石打高原にスキーに行ってましたよね。私そこで何度かお見かけしてたんですよ」

たしかに兄の知り合いが新潟県の石打高原でロッジを経営していたご縁で、小学校時代から高校1年くらいまで何度か上野駅から夜行列車でスキー場に出かけたことがあります。

「湯沢駅で乗り換えるときに、私五月さんをいつも見ていたんです。女の子同士でわいわい騒いでましたよね。可愛かった」

それは事実と違います。

当時一緒に行っていたのは阿佐谷の幼なじみのお姉さんで、ロッジの方が駅まで迎えにきてくださっていたので、湯沢駅での乗り換えはありませんでした。

しかも電話の主は自分たちも湯沢駅にいたと言いますが、そんな記憶なんてありません。誰かと人違いではないかと思いましたが、それよりこの人の魂胆がわからないので、ひたすら気味が悪いのです。

そのときはそれで電話を切りましたが、しばらくすると二度目の電話がかかってきました。今度は私と会いたいと言います。

「原宿のコープオリンピア1階のレストランでお茶でも飲みませんか？　○日の○時にいらしてくれませんか。ちなみに私は赤いジャケットを着ています」

今もある原宿のコープオリンピアは若い女性憧れの高級マンションです。そのレストランと言えば「ティファニー」に他なりません。当時、そこで表参道を行き交う人たちを見ながらお茶や食事をするのが若者の流行だったのです。

とはいえ、名前も知らず、面識すらない方の誘いに応じる必要などありません。すると、男はようやく自分の氏名を口にしました。

「私は三浦和義と申します」

すぐには誰のことかわかりませんでしたが、自分が置かれた現在の境遇を説明されて初めてその声の主に気がつきました。

彼はアメリカで何者かに妻を殺害された悲劇の主人公として、まさに渦中の人だったのです。後のいわゆる「ロス疑惑」と呼ばれる事件です。

惨劇が起きたのは81年11月のこと。テレビのなかの三浦和義氏の弁によれば、夫妻はロサンゼルス市内に滞在中、ラテン系の男2名に襲撃され、その際に奥さんは頭に銃弾を受け意識不明の重体、三浦氏自身も足を撃たれて重傷を負いました。

奥さんは米軍機によって急きょ日本に移送されたものの、意識が戻らないまま1年後に亡くなったのです。テレビカメラの前で、「妻を返してほしい！」と泣き叫ぶ三浦氏の姿は、世間の同情を一身に集めたものです。

まさにその渦中にいる人物から私は誘いを受けているらしいのです。最初は「三浦和義」を騙《かた》っている人物ではないだろうかと疑ったのですが、その独特の喋《しゃべ》り方は連日テレビで見聞きしている三浦和義氏そのもので、その身振りや笑い顔まで想像できるほどでした。

けれど本人だとわかったと同時に、この人は本当に妻を殺されて悲しみに暮れている人なのだろうかと首を傾げたのです。

なにせ電話が来たのはまだ奥さんの意識が戻らず、死の淵をさまよっている時期です。テレビカメラの前であれだけ愛妻への想いを語っていたその人が、そんな最中に横綱・輪島の妻をデートに誘うなんてあまりにも不謹慎ではありませんか。

私の疑念が決定的となったのは、3回目の電話です。

三浦氏はこう言いました。

「今度六本木で畏《かしこ》まったパーティがあるんです。オールブラック指定のドレスコードなので、黒いワンピースを着ていらっしゃいませんか?」

そんなところに行きたいとも思いませんし、なにより「三浦和義」という男にもう信用がおけないと思いました。そしてこの人は奥さんのことでなにかウソをついているのではないかと深く疑うようになりました。

疑い出したら止めようもなく、もしかしたらこうやって私を誘い出し、どこかの週刊誌に隠し撮りでもさせようとしているのではないか、そしてその背後にいるのはあのT・Aという女に違いないとまで思ったのです。

輪島が冗談半分で口にした私の情報を元に、あの女はこうして私を罠にはめようとしているのではないかと。

考えすぎと言われるかもしれませんが、有名芸能人を親戚に持ち、遊び人という噂の三浦氏です。銀座の高級クラブ「S」でT・Aと知り合っていたとしても不思議ではありません。もちろん確証はありませんが、私に対して挑戦状を叩きつけた女による〝ハニートラップ〟ではなかったのかと、いまも思えて仕方がないのです。

三浦和義氏はその後、84年に発売された週刊文春の報道によって、内縁関係にあった女性の死亡保険金1億5500万円を受け取っていたことが明かされました。それどころか、銃撃事件の数か月前に、当時交際していたポルノ女優に指図して奥さんを暴行させた一件も暴露されたのです。

後に過去の内縁女性の殺害疑惑も取りざたされるなど、三浦和義氏は「悲劇の主人公」から数年で「疑惑の張本人」に転落したのです。

警視庁に逮捕された三浦氏は、長い裁判の末に妻の銃撃容疑について無罪となりましたが、殴打事件については有罪となり服役しました。

やがて釈放されはしたものの、内縁女性の殺害容疑で継続捜査中だったアメリカの警察によって、2008年にサイパン島で逮捕され、移送先のロサンゼルスの拘置施設で自殺しました。他殺ではないかとも言われていますが、同情する気になどなれませんでした。私がこうして三浦氏のことを語ることができるのも、あの男が死んだからです。あの独特の声音は、私にとっていまだに不気味に耳について残っています。さらに私をいらだたせるのは、三浦の一件に銀座のクラブ「S」のホステスT・Aの名が伴うからではないでしょうか。

T・Aと輪島は同い年と聞いていますから、彼女は当時32〜33歳のはずです。自分より6歳下の、相撲部屋で生まれ育った世間知らずの私を侮《あなど》る気配もありますが、週刊誌で堂々と「輪島の女です」だなどと言える神経が普通ではありません。このような常識では推し量ることのできない人たちを相手に、私の心身は疲弊しきっていました。

ガスで自殺未遂

週刊誌の記事を境に、私は身体に変調を来しました。

父が他界してからこちら、あらゆるものに翻弄《ほんろう》されて、もう心も身体もくたくたでした。相変わらずいつまで待っても輪島は家に帰ってこず、ひとりで床に入っても寝つけません。

水を張ったお皿を枕元に置き、貝割れ大根の種を蒔《ま》いておくと朝方には芽が出ますが、それでもあの人は帰ってきません。

悶々《もんもん》として朝まで過ごし、「また芽が出ちゃった」と寝床で呟《つぶや》くような生活が続きました。昼間は立ちくらみや動悸《どうき》も激しく、このままでは自分はどうにかなってしまうかもしれないと身の不安に苛《さい》まれるようにもなりました。


82年4月24日は春日野理事長夫人の告別式でした。本来ならば花籠親方のおかみとして輪島と連れだって参列すべきところですが、そのころは互いに口もきかない冷戦状態だったので、行きも帰りも別々で、焼香の列には200メートル以上離れて並びました。

先にお参りを済ませた輪島ですが、私と目を合わせようともしません。本音を言えば、あのとき輪島と少しでも話し合いをしたかったし、声をかけてほしかったのです。いま思えば私の方から声をかければよかったのですが、そんなことは考えもしませんでした。若かったせいでしょうか。

翌25日の日曜日は朝からよく晴れ、昼には暑いくらいの陽気となりました。けれど私の気持ちはどんよりと八方塞《ふさ》がりのまま行き場を失っていました。

愚痴を聞いてほしい、悩みを受けとめてほしい、そんな私はどうしようもなく継母に電話をかけました。何を言ったのかちっとも覚えていませんが、私の口ぶりから異変を感じた継母は、用事を切りあげ東中野のマンションに向かったのだそうです。

部屋に入る前から大事を確信していた継母は、チェーンでロックされた部屋の前で救急車を呼び、駆けつけた救急隊員が携行したカッターで玄関の鎖を切断しました。強いガスの匂いが立ち込めるなか、継母が奥の寝室のベッドで倒れている私を発見した、というのが救出に至る経緯です。

私は自殺を図ったことになりますが、別に死にたかったわけではなく、継母に電話をしようと思ったところから意識が朦朧とし出し、電話を置いた直後に発作のようにしてガス栓をひねったのです。病院で意識を取りもどした私は、他殺を疑う刑事からしつこいくらいに経緯を質されましたが、要するに「いまの生活はもう嫌だ、楽になりたい」という漠然とした気持ちに流され、自らガス栓をひねったのです。

今どきガスじゃ死ねない

寝室のガス栓は簡単に手の届くところにはありません。ベッドの下の奥の方の、やっと手が届くかというところにあるのですから、自ら死のうと思ったことには違いありません。

元横綱・輪島の妻が自殺を図ったという事実は、その日のニュースの重要項目だったそうです。現在と違ってメディアが自殺を扱うことにさほど慎重ではない時代でしたから、よりセンセーショナルに報じられたのも自然なことでした。

病院に見舞いにきてくれた友人たちは口々に生きていてよかったと喜んでくれましたが、二子山親方の長女の幸子ちゃんのひと言はユニークでした。

「五月ちゃん、いまどきガスじゃ死ねないって安西さんが言ってたわよ」

二子山部屋最大のタニマチは、もとはといえばうちの後援会長だった東京ガスの安西会長です。ガス屋さんの安西さんが言うのだから間違いはないんでしょうけど、いまここで私にそれを言うかと、返事に困った憶えがあります。

1学年下の花田幸子ちゃんにもとより悪気はなく、いまで言うちょっと天然なお嬢様です。私が輪島と結婚する3か月前の80年10月に、彼女も2代目若乃花こと下山勝則さんと結婚していますが、これもうまくいきませんでした。

二子山親方が、将来の角界を担い、そして自分の部屋の後継者と期待し、自らのしこ名を譲った横綱でしたが、そもそも下山くんには以前からお付き合いしていた女性がいたのです。

ところが下山君にぞっこんだった幸子ちゃんです。二子山親方はほとんど無理やり2人を結婚させてしまったのです。

私と同い年の下山くんがかねてから交際していたのは、銀座のクラブ「姫」で働く年上のホステスさんです。これは阿佐谷勢の関取衆なら周知の事実だったのですが、下山君はその関係を断つことができず、結局私が自殺を図ったころには、2人は離婚していました。そして翌83年初場所を最後に、2代目若乃花は29歳の若さで横綱を引退してしまったのです。

まるで二子山親方から詰め腹を切らされるかのような土俵の去り方ではないですか。

私と輪島の結婚は、この幸子ちゃんと2代目若乃花の結婚に父が影響されたのかもしれませんし、あるいはその逆で、二子山親方が私たちの結婚話を聞きつけて対抗意識に燃え、無理な結婚を押し進めたのかもしれませんが、いずれにせよ私も幸子ちゃんも、本当に好きな人に寄り添うことはできなかった。2人とも相撲部屋の犠牲になったのかもしれないなと、いまではそう思うことができるのです。

自殺を図った私に輪島から連絡がきたのは、その日、意識が戻って集中治療室から個室に移ってすぐのことです。ほとんど記憶がないのですが、私は受話器を受けとることができず、ひたすら泣きじゃくっていたそうです。

マスコミの取材攻勢が激しく、病院に迷惑がかかることから、私は入院2日目で東中野のマンションにいったん帰宅しました。けれど輪島との生活をすぐに再開できるとも思えず、ベッドから起きられるようになると阿佐谷の実家に身を寄せたのです。

私は阿佐谷に、一方の輪島は東中野の自宅マンションで起居し、私がいる実家近くの部屋とを車で行き来していました。クシャミをする音さえ聞こえそうなほど近所にいたにもかかわらず、私は輪島と顔を合わせるタイミングをもうけようとはしませんでした。

決して輪島への意趣返しのためにガス栓をひねったわけではありません。私は本当に疲れていたのです。それまで父の優しさに支えられ、甘やかされて育った私です。その予期せぬ死によって、私はたやすく絶望し、無意識のうちに父のもとでもう一度甘える道を選んでしまったのです。

父にもう一度逢いたかった。私が思っていたことは、ただそれだけだったのです。

輪島はT・Aにこう言っていたそうです。

「オレが親方になったら、おまえにいい思いをさせてやれるぞ」

部屋のカネは全部自分の思うとおりに使えるとでも思っていたのでしょう。父が死んでタガがはずれた輪島はこれ幸いと、以前に増して銀座通いに精を出したというわけです。

そんな輪島への絶望感に加えて、継母との気持ちのすれ違いもありました。

これはあまり口にしたくはないのですが、やはり継母は私のことよりも、相撲部屋の方が重要だったのです。父が突然亡くなり、残された花籠部屋という大所帯を、さてどうやって守り抜くかと考えたとき、私と輪島が離婚することなど彼女にはあり得ないことだったのです。

もし、あの気の強い実母の政子さんが生きていれば、たぶんこの結婚に大反対したはずです。「娘がいながら外に女をつくるなんて冗談じゃないわよ！」と、怒り狂って輪島を追い出したはずです。

継母を恨むことなど決してありません。私たちを育てていただき、家族のために尽くし、花籠部屋を懸命に守ってくれた彼女には感謝しかありません。

ただ、へその緒でつながる親子という関係は、家族を構成するうえでとても重要な拠《よ》り所なのだなと思うばかりです。

後に次兄から言われました。

「あのとき五月が死んでいたら、すべては輪島とT・Aの思うつぼだったな」

あのとき私が死ねば、輪島は「やれやれ厄介《やっかい》払いができた」と安堵したことでしょう。

もちろんいまこうして生きていることに私は感謝しています。

でも後に起こった悲惨な出来事を考えれば、あのとき確実に私が死ぬか、輪島と離婚していればよかったのではないかと考えることもあります。その方がみんなにとって幸せだったかもしれませんが、あの当時、そのいずれもできなかったのです。

銀座小林会の女傑

私が自殺未遂をした5日後の82年4月30日、日本相撲協会の理事会は、「大相撲のイメージを著しく傷つけた」ことを理由として、花籠親方（輪島）を指導普及部委員から平年寄へと2階級降格させました。協会が輪島にお灸を据えたのでしょう。

精神的にどん底状態にあった私のもとに見舞いに駆けつけ、勇気づけてくださった女性こそ、「銀座小林会」の小林楠扶《くすお》会長夫人の、晴代さん（仮名）です。

年齢は私よりだいぶ上ですが、身長は１６０数センチで常に背筋がしゃんと伸びて若々しく、目もとのきりっとした美人です。あらゆる芸ごとにも長け、なにより男前な性格の彼女は、いまも尊敬してやまない女性のひとりです。

あと少しで梅雨入りという82年初夏のある日、阿佐谷の街で早咲きの大きな紫陽花《あじさい》８輪を抱えた小林夫人は、まばゆい陽にとてもよく映えていました。

マンションの居間で引きこもりがちな私を見やり、憐《あわ》れみとも怒りともつかない面持ちで彼女は言いました。
「五月ちゃん、ジャンボみたいな女のために死ぬことなんてないじゃない」
そう言って私を見つめる彼女は、紫陽花が霞んでしまうほどきれいだった。

小林会は指定暴力団「住吉会」の2次団体ですが、東京の銀座に事務所を置いていることから、通称「銀座小林会」と呼ばれます。その小林会長は、ことさら相撲界と縁の深い方です。とくに二所ノ関一門にとっては力道山さんをめぐり忘れられない存在なのです。

力道山さんが亡くなったのは63年12月8日。刺した相手は、当時大日本興業と呼ばれていた銀座小林会の配下団体に所属する人物でした。

力道山さんは刺されてすぐに亡くなったわけではありません。事件から7日後、入院先の病院で不養生の挙げ句に命を落としてしまったのですが、小林会長は事件直後に力道山さんの住む「リキマンション」を訪れ、本人に謝罪しています。

ともあれ、当時の日本社会はまだまだ生活の苦しい時代です。相撲界も戦後の混乱期を乗り越えて、なんとか相撲興行で生計を立てていけるようにしようと懸命の時代です。

それは芸能界も同様で、経済的な面を含めていろいろと彼らに頼るところが多く、お付き合いは欠かせませんでした。だから私たちの結婚式にも小林会長夫妻をご招待し、わずかでも義理を果たすのは至極当然のことだったのです。

私が初めてお2人にお目にかかったのは結婚の前年、お招きするにあたってご自宅まで御挨拶に伺った折のことです。

小林会長がいつからどのような経緯で輪島をご贔屓《ひいき》にしてくださることになったのかわかりませんが、奥様と一緒にお目にかかって歓談して以降、輪島がひとりで会長宅を訪れると、奥様は「なんで五月ちゃんを連れてこなかったの？」と仰《おつしや》るくらい私を気に入ってくださいました。

そんなこともあって、その後は輪島よりむしろ私の方が繁《しげ》くお邪魔していたように記憶しています。

年が明け、小林会長宅にお年賀のご挨拶に伺うと、萬屋錦之介さんご夫妻のほか、誰もが知る芸能人やスポーツ選手など何人かいました。

このときも、あるプロ野球のスーパースターが小林夫人から女性問題でやり込められていました。会長は奥様を立てて、にこにことそれを見ているだけです。それを横目に、輪島が居心地悪そうにしているのは、夫人の矛先《ほこさき》がいつ自分に向くかと怯えているからでしょう。

夫人はよく私に言いました。

「あれが相撲の〝ごっつぁん主義〟っていうのかわからないけど、輪島は私たちと食事をするにしても、毎度毎度奢ってもらうのが当たり前のような顔をしているのよ。しかもひとりで来るんじゃなくて、いつも3、4人の連れがいるから嫌になっちゃう。せめて3回に1回くらいは私たちにご馳走しようっていうくらいの気持ちがないものかしらね。あのままじゃ親方になってもやっていけないわよ」

輪島のすることは一事が万事すべてそんな風で、身銭を切るということをしないのです。相撲界はよく「ごっつぁん主義」と言われ、お金や差し入れの品々ももらいっぱなしのイメージが強いのですが、人間関係を大切にする親方衆やお相撲さんなら、後援会の人たちなどお世話になった方々に巡業先の名産品を贈るなど、ちょっとした心配りを欠かさないものです。

そうしたことは、日本のどの社会でも行われていることだと思うのですが、輪島ときたら気遣いということを一切しません。この人こそ返礼なしのもらいっぱなし、正真正銘のごっつぁん主義者なのです。

輪島の性根を見切っていた方は小林晴代さんだけではありません。佐川急便の創始者である佐川清会長もそうでした。

佐川清に見限られた輪島

「日本一のタニマチ」と言われた佐川会長です。政界から芸能界、そして様々なスポーツ選手をサポートしていかれるなか、相撲界もずいぶんとその経済的恩恵に浴しています。父も佐川会長の存在を知ってはいましたが、いずれ土俵を引退し、部屋持ちの親方として独立しようという若い関取衆の方がむしろ佐川会長の支援を必要としていました。輪島もそのなかのひとりですが、佐川会長の印象は最悪でした。

父の弟子のひとりでもある峰崎親方（元幕内・三杉磯）は、生前の佐川会長にこう言われたそうです。

「なぁ、輪島みたいになったらアカンで。カネやモノをねだって遊ぶばかりで、自分の将来に必要なものには目もくれんのや。ああいう生き方を真似したらだめやで」

ひとりの力士が現役でいられる時間など瞬《また》く間です。やがて土俵を退くまでに、先々を見据えて人間関係を密にし、地に足のついた生き方をしなければ角界で地歩《ちほ》を築くことなどできません。

峰崎さんは今でも毎年、父が眠る阿佐谷の真盛寺《しんせいじ》と、佐川会長の墓所がある比叡山延暦《えんりやく》寺《じ》への命日参りを欠かさないそうです。そうした実直さを輪島に求めるのはそもそも無理なのかもしれませんが、その場限りの関係では人間を見透かされてしまいます。

佐川会長はもちろんのこと、小林夫妻にしてもそうですが、どちらもあらゆる社会の著名人と懇意《こんい》にしています。実業界や政治の世界だけでなく、芸能界やスポーツ界での成功や失敗を多く見届けていますから、そういった人たちの言葉や行状から、先々のことが見えてくるのでしょう。

佐川さんや小林夫人さんの歯に衣着せぬ言葉は、そうしたことが裏付けとなっているだけに、聞いていてとても腑《ふ》に落ちるのです。

あのT・Aの独占告白と称する記事が週刊誌に掲載された直後のことです。

私が小林会長宅に伺って愚痴をこぼすと、奥様はこんな風に言いました。

「あんな男、〝銀座の乞食〟にくれてやりなさいよ！」

晴代さんは輪島を「あんな男」と言い、T・Aのごときはホステスの風上にもおけない女だとして、そんなこっぴどい表現をなさいました。

憤然と言い放ったその返す刀で今度は御主人にこう仰いました。

「輪島は銀座に出入り禁止って店に言ってやんなさいよ！」

会長は「まぁまぁ」と苦笑いしながら、興奮する夫人を取りなしていました。

「大の横綱をあんまりボロクソに言うなよ。向こうにはよく言って聞かせるからさ」

ご主人は銀座の顔役ですから、奥様の言葉には震《ふる》えあがるほどの裏づけがあります。実際に輪島をそんな目に遭《あ》わせたわけではないのでしょうけれど、そう言って私の肩を持ってくださる奥様にはありがたくて涙が出そうでした。

女からの三行半

でもそのころの輪島とT・Aとの関係は、もう終わりに差しかかっていたのです。その兆《きざ》しはありました。

私の自殺未遂騒動からしばらく経ったころ、東中野のマンションにT・Aの姉と名のる人物から電話がありました。そして剣呑《けんのん》な調子でこう言います。

「申しあげにくいんですけどねぇ、そちらの親方が妹の家に入り浸《びた》りで困ってるんですよ。なんだかコマーシャルのポスターをいっぱい持ってくるのよ。なんとかしてもらえないかしらね」

三浦和義のときと同様、最初はこの電話もいたずらではないのかと疑ったのですが、いかにも迷惑そうな声を聞いているうちに、間違いないないなと思いました。

結婚当時、輪島は満ちゃんと一緒に資生堂の男性整髪料のCMに出ていました。輪島より一場所先に引退し、断髪式も終えていた満ちゃんです。アフロヘアのようなもじゃもじゃ頭のカツラを被った輪島に、「決まってるね～鬢づけ油?」と問い、「ノー、アウスレーゼ!」と脳天気に答える輪島の頭に、満ちゃんがさらにスプレー缶に入った整髪料を振りかけるというコミカルな内容です。

電話の女性によれば、輪島はその製品の大きなポスターをT・Aの自宅に大量に持ち込んで、べたべたと壁に貼りつけるのだそうで、それに閉口していると言います。

T・Aと輪島がどれほど親密なのかを誇示する嫌がらせ電話かとも思ったのですが、ポスターを貼って自分が貴ノ花と一緒に出演したCMをひけらかすなんて、いかにも野暮な輪島のやりそうなことです。もはやそんなことをして存在感を示すことでしか、女をつなぎ止める道が思い浮かばなかったのでしょう。

T・Aの近親者にとって輪島はすでに鬱陶《うっとう》しい存在だったのです。そしてそれは、どうもT・A本人もそうだったようです。

輪島はあるとき、俯《うつむ》き加減にこう言いました。

「オレはあの女に騙《だま》されていたんだ……」

現役を退いて人気が急落し、金回りが悪くなった輪島に見切りを付けた「銀座のジャンボ」は、なんと輪島後援会の例の男性と一緒になったということでした。

それ見たことかと思いました。

あの女の目的はいったい何だったのかいまだにわかりませんし、知りたくもないですが、以前から輪島と深い関係にあった彼女には、私の存在が妬《ねた》ましかったのでしょう。

さんざん私たち夫婦を翻弄しておいて、輪島が手に余るか用なしになったところでさっさと見限って乗り換える、そんな計算高い薄情な女だったのでしょう。

妊活中の避妊具

輪島と私が初めて結ばれたのは、石川県で開かれた披露宴の夜のことです。

私だってウブではありませんでしたし、すでに朝帰りの続いていた輪島との行為に、大きな期待もしていませんでした。その内容を細かく申しあげたくもありませんが、あえて言えば、「えっ、こんなものなの?」という程度の、そういった場面で男性が示すべき気持ちのかけらも伝わってこない行為なのでした。

男としての情熱が感じられないのは、輪島も私に女として期待をしていなかったからでしょう。そもそも銀座のホステスに入れあげていたのですから、無理というものです。それは必ずしも愛がなければできない行為とも思っていません。けれど、形ばかりの営みを積み重ねるのはひたすら虚《むな》しく、そのような「内実」の伴わない「妻」とあっては辛さが募るばかりでした。

でも子供は欲しかった。いや、だからこそ自分たちの赤ちゃんを産みたかったのです。最初は互いの都合でつながったような夫婦であっても、子供さえいれば、それがやがて2人共通の生きがいとなり、ひいては花籠部屋の希望となるはずだと思ったのです。

輪島は子供を欲しいと言ったことはありませんし、そのために早く帰ってくることなどもなかったので、お座なりな営みがたまにある程度でした。何か月経っても一向に身ごもる兆しはありませんでした。

さすがにおかしいと思った私は、以前からお世話になっている個人経営の産婦人科で診てもらいました。それは都心のビルの一室にあり、有名人もお忍びでやってくるという噂のプライベート・クリニックです。そこの女医さんは率直にものを言い、不妊治療にも定評のある方です。

彼女は私が誰と結婚したかなど先刻承知です。様々な検査を受けた結果、私の身体に問題はないとのことでした。

先生は自然妊娠を推奨していましたから、多胎児の原因となる排卵誘発剤を使わず、基礎体温を測り妊娠のタイミングを合わせて性交渉をする方法を勧められました。いつ寝床にやってくるかわからない輪島ですが、なんとか妊娠の確率を上げようと、私なりにいろいろ工夫していたのです。

いつかなんとかなるだろうと軽く考えていたのですが、相変わらず妊娠の気配はありません。これまでのやり方だけでは不十分だと思った私は、精液検査を輪島に受けてもらおうと、紹介状をもらって新宿の慶應義塾大学病院を受診しました。

採取した精液から精子の数や形状、運動能力などを調べるのですが、何日間か禁欲したうえで自慰をする必要があるそうです。

病院から持ち帰った専用の容器を輪島に渡しました。本当に禁欲できるのだろうかと疑わしくもありましたが、どこでどうやって採取したのか、次の診察日までには中身が入って返ってきました。

ところがその検査結果に愕然《がくぜん》としたのです。

なんと、「90％の確率で通常の妊娠は無理」という診断だったのです。つまり、輪島の精液は子種の数が少ない「乏《ぼう》精子症」という診断で、時が経てば子種が増える可能性もないわけではないが、現状での妊娠は極めて困難とのことでした。子宝に恵まれなかったのは、それが主な原因だったのです。

ところがあの人は、がっかりする私をせせら笑うようなことをしたのです。それは結婚から2～3年目の、たしか83年か84年の名古屋場所でのことです。

花籠部屋の宿舎となったのは、豊田自動織機の元社員寮です。寝苦しい7月の名古屋ですが、師匠の部屋だけはクーラーがありました。とはいえ、錦や栄といった繁華街で連日クラブ三昧の輪島が帰ってくるのは、いくぶん気温の下がる明け方です。

それは場所中のことでした。東京から知人が来ると言い、輪島は市内のシティホテルに自分のぶんも含めて2部屋を取ったのですが、その日、輪島はホテルの鍵を部屋の宿舎に置き忘れたのです。

私はすぐにエプロンを外し、鍵を摑んで外に飛び出しました。輪島を追いかけたのではありません。ホテルに向かったのです。客室に踏み込み、「浮気の現場を押さえてやる！」と意気込んだのです。

高級ホテルのツインルームは広々としていましたが、すでに清掃が済んでいて、裸の女はおろかベッドに寝乱れた様子もなく、証拠を摑むことなどできませんでした。

勢い込んだ反動でしょうか。やり場のない怒りと安堵とがない交ぜになった心持ちで宿舎に戻りました。

ところがです。鍵を元に返そうと改めて背広の内ポケットに手を入れると、なんとそのなかから男の避妊具の包みが出てきたではないですか。やっぱりかと、そのとき私の心は折れました。

もう妊活などバカらしくてやっていられません。自然と産婦人科クリニックから足は遠のきました。

2人は不毛な夫婦

時間は飛びますが、後に述べる様々な事件を経て相撲界から身をひいた私たちは、妊活に再挑戦しました。たとえ子種の数が少なくとも、妊娠は不可能ではないという医師の言葉を信じたのですが、どれほど工夫をし、何度機会をもうけても、やはり以前と同様に身ごもる気配はありませんでした。

子作りを諦めるのはとても残念でした。輪島は力士としての才能に恵まれ、私は水泳が得意です。まして2人揃って体格が良いのですから、産まれてくる子はきっとアスリートとしての素質が備わっているに違いないと思っていました。

力士にするのはためらいますが、何かスポーツをやってくれれば、きっと優れた選手になると思ったのです。けれど、それは叶わぬ夢でした。

ところが輪島と私が離婚してからさらに何年も後のことです。

驚くことに、再婚した輪島に息子ができたというではないですか。自分の耳を疑いました。釈然としない気持ちを件の女医さんに伝えると、こう仰います。

「人工受精かもしれないけど、夫婦の相性もあるから珍しいことじゃないのよ。しかもこの手のケースでよく訴訟になったりもするの」

自分には生殖能力などないはずなのにと、子を孕《はら》んだ相手の不実を疑う男性に対し、その認知を求めて裁判に訴え出る女性もいるのだそうです。

それからさらに十数年経って、輪島の息子は果たして見事な体軀の野球選手となったのです。2017年夏にピッチャーとして甲子園のマウンドに立った男の子は、身長187センチと父親より2センチ高く、ほれぼれするくらいハンサムでした。

輪島は好きでもなんでもない相手でした。けれど本当の夫婦になろうと懸命に努力もしたのです。テレビのなかで凜々《りり》しく躍動する少年の面差しから、輪島の新たな連れ合いの容姿を想像してしまう自分が嫌でした。

とうの昔に破綻《はたん》した結婚なのに、なぜまたダメを押すように私の心をかき乱すのかとやるせなく憤《いきどお》りもしましたが、その一方で、そうかあの男とは見事に縁がなかったのだなと心の底から思い知り、また諦めもついたのです。

それはでも、たぶん宿命というものだったのでしょう。


話を過去に戻します。

結婚から自殺未遂へと至る間、私は輪島らによって理不尽に貶《おとし》められ、ズタズタにされました。でも不幸にはまだ先がありました。すべてを破滅に導く災厄が、やがて私たちに一気に襲いかかってきたのです。

1985年秋の悪夢のような日々が甦《よみがえ》ります。

第五章

1985年の輪島大士

輪島の妹はらつ腕実業家？

輪島は2人兄妹で、3歳下に静子（仮名）という名の妹がいます。

静子は、東京の女子短期大学を卒業し、2年間ほど航空会社の地上職として勤務したのち退職し、輪島が金沢に開いたスナックを手伝うようになりました。お店の名前は「ワンダーランド」。輪島はその切り盛りを静子に一任していました。

経営は当初順調で、やがて地元金沢市内でちゃんこ料理店「輪島」を立ちあげたのです。

1985年はまだバブル景気といわれるような浮ついた雰囲気はなく、中小企業などは油断をすると倒産しかねないご時世だったのですが、縁談ひとつない静子は、結婚よりもお店の商売に熱中しているようでした。

輪島のちゃんこ料理店は、私たちが結婚したころには東京の青山と六本木に支店を出す勢いで、法人登記した「相撲茶屋輪島」の代表取締役に静子が就《つ》いており、輪島本人も役員として名を連ねていました。

輪島の支離滅裂ぶりはもうすでにお分かりだと思いますが、経済観念がないうえに、人を疑うことを知らず、相手をやり込めるようなことも言いません。目の前の桜に見とれてちっとも働かないような、よくいえばお人好し、悪くいえば軽はずみな人ですから、そんな人物が会社の経営に携われば大変なことになります。

事業欲に目覚めた独身の妹を兄がサポートするのは麗しい兄妹愛ゆえかもしれませんが、その可愛がりようは、私には受け入れがたいほどでした。

輪島は事業資金を融通するのではなく、なんと自分の実印を妹に預けてしまっていたのです。花籠部屋の台所を預かるのは私です。輪島のマネージャーに言って、静子からいったん印鑑を戻してもらったのですが、その後も口実をつけては持ち出し、返却を迫るまで返さないということを繰り返した挙げ句、ついには向こうに行ったきりになってしまったのです。

その実印と輪島博の名を利用して融資を受け、店の運転資金に回していることにはうすうす感づいていました。でも小姑と嫁の関係ですから率直にものを言えません。輪島には常々口を酸っぱくして静子のことを忠告していたのですが、取り合ってくれませんでした。

それに日々の輪島の居場所は妻の私よりも静子の方が詳しいのですから、この妹のことを話題にするのも嫌になってしまいました。

輪島は常々私にこう言って妹を自慢していました。

「おまえは何かあればすぐに『お父さん、お父さん』と死んだ親方のことを引き合いに出すけど、オレの妹は父親頼りのおまえと違ってひとりで商売をする才覚があるんだ」

実際はそうではありませんでした。

輪島と妹の静子は兄妹だけあって似た者同士です。後先を考えずデタラメに金を借りて使うという点で、呆れるほどの「才覚」を発揮していたのです。

負債の総額が詳《つまび》らかになったとき、私と継母はなんとか事態を収拾しようと足掻いたのですが、もう手の施しようもありませんでした。

輪島兄妹は、実印を勝手に使っただけではなく、なんと花籠名跡を融資の担保に差し出す約束をしていたのです。こうして「相撲茶屋輪島」の経営破綻《はたん》は単に彼らの失敗に止《とど》まらず、相撲協会を未曾有の騒動に陥《おとしい》れることになったのです。

初代若乃花は中島家の敵

現役引退後の輪島は、横綱時代と比べて収入は激減したにもかかわらず、生活ぶりは相変わらず派手でした。

乗っている車は佐川急便所有のメルセデスでしたし、妹の会社から自分の懐《ふところ》に入ってくるカネはほとんど遊興費などのために費やされてしまうので、相撲部屋と中島家の家計は逼迫《ひっぱく》の度を増すばかりだったのです。

そんなこともあり、実は私の自殺未遂騒動からしばらく経ったころに、東中野のマンションを処分しました。月30万円という重い返済額もさることながら、輪島が購入した当初から静子が幾重にも担保設定していたからです。一切を処分して残債と相殺《そうさい》したのですが、手元に100万円も残らず、それも返済に回さなければなりませんでした。

新たに借りた住まいは地下鉄南阿佐ヶ谷駅近くの2DKのマンションで、花籠部屋までは歩いて数分です。

そんな私たちに文句を言ってきたのが二子山親方です。

「おい五月！　国技館に来い！」

と電話で呼び出されたのは、引っ越し後のことです。当時の国技館はまだ蔵前にありました。老朽化したとはいえ私が生まれる前年の1954年に竣工したこの建物で、家族思いの父は懸命に大相撲を盛りあげ、協会を切り盛りし、私たちを養ってきたのです。

娘の私がそんな過去を思うとき、父の右腕であり、かつ〝鬼〟とも言われる二子山親方に一体なにを言われるのだろうかと身構えました。

理事室で二子山親方はこう言いました。

「弟子がいるのになぜ一緒に住まないんだ！」

かつての花籠部屋は師匠と弟子が一体となって稽古に励んでいたのですから、二子山親方が文句を言う気持ちはわかります。以前のように相撲部屋に隣接した自宅住居に住めば良いのですが、輪島がそれを頑なに嫌がりました。

昔から変わらず継母がお手伝いさんたちと暮らす家ですから、輪島の性格では入り婿《むこ》のような立場など考えたくもないでしょうし、かといって手狭な相撲部屋で弟子たちと起居をともにするのもまたごめん蒙《こうむ》るというわけです。

妹の静子が稼ぎ出すカネさえあれば、何の問題もないだろうと高をくっていたのでしょう。

当時、二子山親方は相撲協会では春日野理事長に次ぐ事業部長という重役であり、相撲界全体に目配せしつつ、阿佐谷勢を含む二所ノ関一門全体を束ねる総帥でもありました。

父亡き後は自らの出身母体である花籠部屋の後見人を自認していたようで、ことに私の自殺未遂騒動以降は常に輪島や私に直接注文をつけてくるようになったのです。

部屋の経営に身が入らず、夜の銀座で浮き名を流す輪島です。まして幼いころからよく知る私は自殺未遂を引き起こしたのですから、一門の問題児2人を抱えて厳しいもの言いになるのも当然と言えば当然でしょう。

ただ、昔から変わらぬ二子山親方の自分勝手で高圧的な口調が、私はどうしても受けいれることができませんでした。

このとき、先の言葉に続けてさらにこう言いました。

「要するにお前たちは〝住所不定〟ということじゃないか！　あーん？」

「住所不定」とは、住所が転々として一定しないことを言います。二子山親方の言い回しは昔から独特で、よく理解できないところがあるのですが、このときも何を言っているのかと思い反論しました。

「ちゃんと南阿佐ヶ谷のマンションに住民票があります！」

すると、「そうか」とただそれだけ言うと、ぷいと顔を背《そむ》けて終わりです。こんな応酬をするためだけに私を国技館に呼び出したのかと、二子山親方に怒りを覚えました。

けれど後になってよくよく考えたとき、二子山親方は二つのことを言いたかったのではないかと思うのです。

一つには相撲部屋を率いる者としての心構えという善意の解釈です。

輪島は師匠として弟子たちに寄りそうのが当然の責任なのに、それをしないばかりか、弟子の育成に不熱心であるなら、お前たちの居場所などこの相撲界にはないぞという叱咤《しった》する意味合いです。

確かに輪島が継いで短期間のうちに何人もの弟子が廃業しています。しかしもしそのように私たちを激励するような気持ちがあるなら、もっと意を尽くした意味ある言葉が添えられていたはずです。二子山親方にすれば私たちは足を引っぱる厄介《やっかい》者だったかもしれませんが、それ以上に、たぶん次の二つ目の解釈が当時の二子山の本音だと思うのです。

お前たちが積極的に部屋経営をする意志がないのなら、花籠部屋は存在しないも同然ではないか。それならばこちらも手段を選ばないぞと、二子山親方の胸中にそうした不穏な意図を芽生えさせる契機になってしまったのではないか、ということなのです。

自らの師匠であり、かつて当時の協会理事だった父を引きずり下ろしてでも自分の栄達を果たそうと躍起になったことは、先述したとおりです。

あのとき以来私は二子山親方に対して、「野望を達成するために手段を選ばない油断禁物の人」という警戒心を失っていません。

両国の新国技館が落成したのは1985年1月のこと。角界の悲願でもあったこの大伽《だいが》藍《らん》の完成は、春日野理事長と二子山親方の栃若2人によって成し遂げられたものでした。

しかも蔵前から両国への移転を果たした暁《あかつき》には、次の任期終了時に春日野親方が理事長の椅子を二子山親方に譲る、というのは角界の既定路線ともいえるものでした。

そんなときに輪島が引き起こした大スキャンダルは、新たにスタートを切った日本相撲協会と次期理事長の二子山親方にとって、頭の痛い一大事に発展してしまったのです。

年寄名跡を担保に入れて金を借りるという前代未聞の不祥事に、二子山親方の怒りは臨界を超え、その一方で邪《よこしま》な欲望も顔を覗かせたのではないでしょうか。

共政会による債務取りたて

数か月に及ぶ騒動の最初の出来事が起きたのは、新国技館落成から半年後の1985年7月場所中、千秋楽を間近に控えたある日のことです。

花籠部屋の名古屋宿舎となった元社員寮は、ほとんど出入り自由でセキュリティなどまるでありませんでした。そこに目つきの鋭い10人ほどの男たちがやってきたのは、午後3時ごろのことです。

「親方はおるか？」

そう尋ねる男に、応対に出た若い衆が「まだ場所に行ってます」と答えると、「じゃったら、帰るまで待たせてもらうけぇの」と広島弁で言います。

ビジネススーツを着ていますが、醸《かも》す雰囲気で暴力団員とすぐにわかりました。若い衆に代わって私が事情を聴くと、要は債務の取りたてです。

彼らが持っていた証文の内容は、貸付金2000万円の返済を約束するもので、差し出し人の名は「相撲茶屋輪島」代表取締役の輪島静子と、同じく取締役の輪島博とありました。そのころすでに彼女の資金繰りは破綻に瀕《ひん》しており、取りたてが輪島に向けられ、暴力団が登場するほどの事態となっていたのです。

愛知県体育館から宿舎に帰ってきた輪島が彼らに対応しましたが、彼らは場所中をあえて狙って押しかけてきたに相違ないのです。

輪島いわく、リーダー格の人物が「広島の共政会で見かけたことのある男だ」と言います。当時まだ山田久会長はお元気なころです。私は「なんで?」と思いましたが、たとえ輪島が会長のお気に入りであったとしても、貸した金を回収するのが彼らの仕事というものなのでしょう。

輪島は、場所が終わったら広島に出向くからと言って、いったん彼らに引きあげてもらいました。そして、改めて共政会に連絡を取り、面談のアポイントをとったのです。

「お前も来てくれ」という輪島とともに、２人して広島に飛びました。向かった先は共政会本部ではなく、たしかホテルのラウンジのようなところだったと記憶しますが、交渉の席に来たのは、結婚前にお目にかかったこともある組織のナンバー２で、山田会長から最も信頼されているという人物でした。

実際の交渉には輪島があたり、私は離れたところで待機しました。帰りに聞かされた輪島の弁によれば、輪島の実家が所有する七尾市の土地の担保価値について改めて話し合ったとのことでした。

果たしてその日を境に取りたてはぴたりとやみました。もしかしたら山田会長の一声があったのかもしれませんが、いずれにせよこうして取りたて騒動はひとまず鎮静化したのです。

輪島の妻である私は、トミさんに代わる新しいおかみですが、部屋の若い衆や呼出さんたちにとって、先代花籠の娘であることに変わりはありません。未亡人のトミさんは「大おかみ」ですが、幼いころから知る私の呼び名は昔のまま、「さっちゃん」でした。

このときの輪島はさすがに意気消沈していました。いつもなら毎夜のごとく午前様だというのに、部屋にこもりきりです。

宿舎の近くに銭湯があり、私たちはそこで汗を流すのですが、その帰りに行き会った部屋の行司さんに、「さっちゃん、一杯どう?」と誘われました。

私を幼いころから知る彼は、ゴチになろうとしているのです。近所の居酒屋に入り、冷や奴をアテにコップのビールをあおりました。

「さっちゃん、元気出しなよ」と、そう言う彼だって不安に違いありません。

そのとき、輪島が店に入ってきました。でっかい身体で暖簾《のれん》をくぐり、私の横に座ります。ビールを注ぐとちびりと飲んで、「なぁ、どうしたらいいんだろう」と、豆腐を突っついてまたため息です。

居酒屋からの帰り道、輪島は肩を落としながら私の傍らで自転車を押しています。後ろから行司さんの小声が聞こえました。

「さっちゃん、いろんなことがあっても親方と仲いいじゃん」

とんでもない、そのときの私は惨めでした。冷や奴でお酒を飲むことがではなく、こんな風に行き場を失わないと私を頼ってくれないのでは、妻としてあまりにも寂《さび》しいではないですか。

でも、私たちを破滅へと導く債鬼は、それから間もなくしてやってきました。その最初の一報は、よりによって二子山親方からもたらされたのです。

名跡を担保に

二子山親方から「部屋に来てくれ！」と、継母が呼び出されたのは、私たちが広島から帰って2週間ほど経った8月中旬から下旬にかけてのことだったと思います。

二子山親方から呼ばれるのは叱られるときくらいですから、今度はいったい何だろうね、と不審がりながら継母は出かけてゆきました。そして二時間ほどして帰ってきた彼女の顔は、すっかり青ざめていました。

私は二子山親方から伝えられたという話の内容を聴きました。そして手渡されたという幾つかの書面を見た瞬間、これはとんでもないことになったと、声を失いました。

二子山親方が某消費者金融の代理人と称する弁護士と面談したのは、継母を呼び出す直前のこと。その弁護士が二子山親方に見せたものは、「担保差入証」と「譲渡証書」で、継母はその写しを持って帰ったのです。

いずれの書面も日付は同じ「昭和60年5月31日」で、念入りに渋谷公証役場の証明スタンプが押されています。そこには次のように書かれていました。

担保差入証
私所有の日本相撲協会における名跡花籠は私の貴殿に対する借入金債務、連帯保証債務、手形、小切手上の債務、その他一切の債務の担保のため、貴殿に差し入れた。万一のときは、貴殿において売脚し、私の債務の弁済に充当するも何ら異議ありません。

昭和六十年五月三十一日

杉並区阿佐谷南（以下番地・著者注）　輪島博

どちらも横書きで、漢字タイプライターで打たれた但し書きのなかで、直筆で日付と住所氏名が記されています。

譲渡証書
私所有の日本相撲協会における年寄株花籠は貴殿に譲渡いたしましたので、これを明らかにするため本書を差し入れます。

昭和六十年五月三十一日

杉並区阿佐谷南（以下番地・著者注）　輪島博

署名は間違いなくあの人の筆跡です。これらの書面が明らかにしていることは、輪島は借金のカタに、「花籠名跡」を手放してしまった、という信じられない事実でした。名跡証書そのものは阿佐谷の実家の金庫に保管してありますが、弁護士が持参した譲渡証明が有効ならば、もう私たちの勝手にはできません。まして、それが公《おおやけ》になっては大変なことになります。

二子山親方は継母にこう言ったそうです。

「トミさん、輪島は大変なことをしてくれたよ！　これがバレたら協会は潰《つぶ》れてしまう。後藤田さんの力を使ってなんとかしなきゃならんくらいのことなんだよ！　わかってるのかね！」

威圧的なのは二子山の常ですが、事情を知らない継母を怒鳴りつけたのは、それほど協会にとって危機的な事態だということです。

後藤田正晴先生は元警察庁長官で、85年から第2次中曾根内閣の初代総務庁（現・総務省）長官に就任しておられました。

二子山親方は部屋の後援会長をされている東京ガスの安西浩会長だけでなく、様々な財界人や政治家と深い関係を結んでいます。なかでも自民党の重鎮であり、警察全体に強い影響力を持つ後藤田先生は、自分だけでなく相撲協会にとっても大事な政治家なのでしょう。

そんな方の力にすがらなければならないほどの大事件だと、たぶんそう言いたかったのだと思いますが、継母はその真の意味がわからず、ただただ二子山親方に脅かされたと、怯《おび》えるばかりでした。

年寄名跡を金銭取引の対象としてはならないことは、協会規約の「年寄名跡得喪変更に関する規定」で次のように定められています。
〈年寄名跡は、本協会の年寄及力士の有資格者以外の第三者に譲渡し、又は担保に供することが出来ない〉

輪島がしたことは、これに違反することに違いないのですが、そもそも部屋と弟子たちの将来を考えたら、師匠にそんなことなどできるわけがありません。輪島がいかに花籠部屋の経営を蔑《ないがし》ろにしていたかがわかろうというものです。
「相撲茶屋輪島」という会社にどれほど負債があっても、それは代表を務める輪島静子という一個人の借金にすぎません。ところが、この書面の存在が公になれば、日本相撲協会全体を揺るがす一大不祥事に発展してしまいます。

二子山親方が狼狽《ろうばい》するのも当然なのです。

ところが輪島は、「角界の危機」と「妹の生活」を天秤にかけ、あろうことか妹の方を選んでしまったのです。後に輪島は「妹が勝手にやったこと」と言い訳をしていましたが、実印を人任せにしていた責任は免れません。

思い起こせば、以前静子が私に、「安い金利の金融機関を紹介するから、部屋を建て替えないか」と熱心に勧めてきたことがありました。よく聞くとそれは口実にすぎず、要するに中島家と相撲部屋の土地を担保にして融資を受け、工事費とは別に自分に1億円ほど貸してほしい、ということだったのです。

もちろん即座に断りましたが、そのころから静子の資金繰りは悪化していたのです。彼女は輪島の実印を使って様々なところから金を借りまくっていたに違いないのです。そして、ついに万策尽き、よりによって輪島の花籠名跡を担保にしてしまったわけです。輪島はいつものように、妹の申し出に「いいよ、いいよ」と応じてしまったというのが真相ではないでしょうか。

すぐに輪島と静子を呼んで事情を聴きましたが、輪島は「妹任せでよくわからない」と言い、静子も借金の総額は一体いくらあるか覚えていないと言います。

弱っていたところ、長年にわたって義妹の資金を用立ててきた京都のさる資産家に呼び出されました。お詫びかたがた継母と輪島を伴って出向き、事情を伺ったのです。同席されたその方の弁護士さんは、義妹がこしらえた借金のリストを作成なさっていました。それを見ると、なんと総額はおよそ6億円。目まいがしました。

都内の一等地に店舗展開したとはいえ、ただのちゃんこ料理屋にこれほど多額の資金が必要だとは思えません。ここまで膨らんだのは元横綱・輪島の名声と、花籠名跡の物件としての価値があったからこそでしょう。

これは輪島の遊興費も相当額に及んだに違いないと思い、一体どれほど使ったのかと、継母もいる前で輪島に厳しく問い質《ただ》しました。

その答えに私は情けなくなりました。

八百長の原資に流用？

輪島はこう言いました。

「飲み代だけじゃないんだ。相撲のことでも使ったんだよ」

相撲のこととは、協会内での交際費などではありません。私にはピンと来ました。そう、八百長相撲の清算に使ったのです。輪島が「チュウシャ」（角界の隠語で八百長のこと）をしているという噂はなんとなく耳に入っていました。

とくに当時の輪島は押し相撲が得意な某巨漢力士とは合口《あいくち》が悪く、その巨体に「壊されるんじゃないか」と怯え、真剣勝負ではなかなか勝てなかったようです。支度部屋で「お得意様」と陰口を叩かれるくらい苦手としていたようです。

このため、その力士とのチュウシャは星の買い取りだけでなく、取組にかけられた懸賞金すべてを渡していたとも耳にしました。

私たちの前で背中を丸め、決まり悪そうに告白する輪島を見て、「やっぱりか」と落胆しつつ、星を買うために使ったお金が返ってくるはずもなく、私はやりきれなさに溜め息しか出せませんでした。

父はかつて協会の先頭に立ち、こうした不正相撲に睨《にら》みをきかせていました。

日本相撲協会が「相撲競技監察委員会」を新設し、その初代委員長として父が就任したのは１９７2年1月のことです。63年に石原慎太郎さんが当時の横綱対決を「八百長だ！」と断じて問題になって以来、土俵をめぐる世間の目は年とともに厳しさを増しており、協会は監察制度を導入することによって組織の自浄能力を世に示したかったのです。

父にその最初の責任者として白羽の矢が立ったのも、父の勝負にかける清廉さと、力士に睨みがきく実力者ゆえです。それなのに、あろうことかその弟子が大金を投じて星を買っていたというのですから、泉下の父の嘆《なげ》きが聞こえるようでした。

「あいつは稽古すればもっと強くなるのになぁ」

常々父が輪島についてこうぼやいていたことを、今さらながら痛感しました。


輪島と先方の金融機関の弁護士が相対したのは85年9月13日、秋場所6日目のこと。会合場所となったのは、その年の1月に落成したばかりの新両国国技館内の相撲協会応接室です。すでに10人の理事は輪島の不始末を協会全体の危機として共有していますから、会合場所が国技館でも異を唱える者は誰もいなかったのでしょう。

それどころか、その立会人として協会理事長に次ぐ事業部長の二子山親方以下、花籠一門の常盤山、音羽山、放駒の4親方衆が同席していたのです。

この場で交わされた書面は4通。新たな「担保差入証」と「譲渡証書」のほかに、輪島が私と継母に名跡の処分を委《ゆだ》ねると誓約した「委任状」が2通です。

委任状
私は　中島トミ　中島五月　を代理人と定め

次の事項を委任します。

一、花籠（名跡）売却に関する一切の権限、委任します。

昭和六十年九月十三日

委任者　輪島博

相撲協会と私たちが対応を急いでいたのは、「相撲茶屋輪島」の経営破綻が目前に迫っていたからです。倒産してしまってからでは名跡証書が金融屋に渡り、これらの書面は世に出てしまいます。なんとしてもそれを阻止するために、二子山親方らと私たちは動いていたのです。

そこで継母は父の遺産から４０００万円を拠出し、「担保差入証」、「譲渡証書」、「委任状」のすべてを回収することにしようと決めたのです。

博多入りを目前に控えた85年10月のこと。相手が待つのは東京駅前の八重洲富士屋ホテルです。継母と輪島の２人が現金を持ってそこへと出向き、証文の原本を取りもどしてきたのです。

これで当面の危機は脱したものと、このときはひとまず胸をなで下ろしたのですが、事態はそれでは済まなかったのです。回収したはずの証文類はコピーされており、それがマスコミに流出したのです。

そしてそれを入手した週刊誌によって、巨額負債の担保として年寄名跡が差し出されたという、大相撲史上例を見ない醜聞《しゅうぶん》の一部始終が暴露されてしまったのです。

元横綱・輪島の引き起こした大スキャンダルに、世間は大騒ぎとなりました。

藤山寛美と佐川清

輪島が佐川急便の佐川清会長を都合よく利用していたこと、そしてその輪島の性根を佐川会長がすっかり見抜いていたことは先に述べました。今や途方もなく膨大な債務ににっちもさっちも行かなくなった輪島ですが、そのころすでに佐川会長との関係は疎遠《そえん》になっていたのです。

もはや日本一のタニマチに頼るほかないと考えたのか、金銭的な救済を乞うべく佐川さんとの関係を復活させようと、輪島はある人物を介してコンタクトをとったのです。

それは上方を代表する喜劇役者の藤山寛美さんです。

寛美さんは輪島以上の型破りな人生を送られた方です。松竹新喜劇の看板役者でありながら、金遣いの荒さは伝説的で、夜の大阪や京都の町を豪遊して歩いたそうです。はたまた後輩の借金を肩代わりし、知り合いに騙《だま》され莫大な借財をこしらえた挙げ句、1966年に破産してしまいました。

こうして松竹から追放された寛美さんですが、さんざん苦労を舐《な》めたのち、1971年に再び松竹新喜劇に迎え入れられることになりました。莫大な負債は松竹の支援もあって完済されていたそうで、寛美さんを再び座長に据えた松竹新喜劇は人気を回復し、その後全国的な人気を博していったのです。

佐川急便が急成長を遂げるのはまさにこの1970年代のこと。寛美さんと佐川会長との間に金銭の貸借があったのかはわかりませんが、昵懇《じっこん》の間柄であったことは間違いないと思います。

その2人の関係を輪島が知ったのは、果たして付き合いのある裏社会からの情報なのか、いずれにせよ、輪島は寛美さんとの面会の約束を取り付け、私たちは日帰りの予定で京都に向かったのです。

グレーの高級スーツ姿の寛美さんとお目にかかったのは、京都四条の南座で公演を終えた夕方近くのこと。祇園の和食料理店を貸し切りにし、輪島は佐川会長との仲立ちをお願いしたのです。

藤山寛美という方の懐の深さはご自身が経験したご苦労ゆえか、あるいは輪島にご自分と似たものを見つけたのかもしれませんが、いずれにせよ、私たちにとても優しく接していただき、佐川会長との仲を取りもつことを快諾してくださったのです。

これで何とかなるかもしれないと思った輪島と私ですが、それは甘かった。

佐川会長は輪島を自ら救済しようとはなさいませんでした。後に、当時設立されて間もない東京佐川急便の渡辺広康社長にこの案件を投げたのだと聞きました。東京佐川の渡辺社長といえば、当時、藤島部屋を興して二子山部屋から独立していた満ちゃんなどとの関係が深く、当然角界の内情について知悉《ちしつ》された方です。

タニマチとしては佐川会長と肩を並べるほどの豊富な資金力を誇り、このころ自民党や指定暴力団の稲川会との関係が深く進行していたことは、後の刑事裁判で明らかになったことです。

そんな渡辺社長ですから、満ちゃんから輪島の行状は耳にしていたことでしょう。もし佐川会長からの声がかりだったとしても、こと輪島の案件について慎重になるのも当然なのです。結局、輪島への資金援助はどこからもありませんでした。

輪島による必死の「ハガミ」は、つまり佐川さんによって拒絶されたのです。

輪島が自殺？

「相撲茶屋輪島」が2度目の不渡り手形を出したのは10月25日のこと。取引先の水産会社からは未払い代金４００万円の返済を求める訴訟を起こされ、輪島の名を冠した会社は事実上倒産しました。そのとき公表された負債総額は4億円ですが、さらに膨《ふく》らむことは明らかでした。

この会社の役員であった輪島は、協会から責任を問われ、２階級降格のうえ謹慎の処分を受けました。この一件により、輪島兄妹と花籠部屋の資産がマスコミの取材対象になり、結果的に暴露の引き金となったのです。

週刊文春が発売されたのは九州場所開催中のこと、名跡を担保にしたという前代未聞の全容が、ついに白日の下にさらされたのです。雑誌が発売されるやいなや、他の週刊誌だけでなく新聞やテレビの記者によって連日取材攻勢にさらされました。

花籠部屋の宿舎となっている百道海岸のピオネ荘には、普段はめったに来ないテレビカメラや、ひと目で相撲記者会の所属ではない人たちが押しかけてきました。取材カメラによって常に監視され、軟禁状態のような私たちは、どこにも出かけることができませんでした。

朝晩の食事は、宿舎の裏口からこっそり脱出して百道海岸のお弁当屋さんで買って済ませていました。輪島はわが身の不遇を嘆いていたのかどうか、たまに窓を開け、海を見ながらタバコを吸っていました。

でもそんなシーンも写真に撮られてしまうのですから、やりきれません。

ピオネ荘の風呂場は男女別々でした。当時、力士21人に対して女性は私だけ。大きな浴槽でひとり静かに浸《つ》かっていると、隣に若い衆がどやどやと入ってくる物音がしました。そして口々に不安の声を上げるのです。

「オレたちこれからどうなるんだろうなぁ」

「部屋はなくなるかもしれないな」

いたたまれませんでした。いい加減な親方とおかみだったばかりに、こんな目に遭《あ》わせてごめんなさい。父がもっと長生きしていればよかったんだけど、本当にごめん。彼らが風呂場から出るまでじっとしているほかありませんでした。

九州場所14日目の夕方のことです。突然二子山親方から電話がかかってきました。

「おい、輪島死んだのかぁ！」

輪島ならしょんぼりしてはいますが、私の目の前にいます。「それじゃいい！」と言って電話を切ろうとする二子山親方を押しとどめて事情を聴くと、つまりこういうことでした。

本場所が開催されている福岡国際センターの相撲記者会に匿名の電話がかかり、「輪島がいま自殺した」と告げたそうです。

記者たちは慌てて事実確認に走り、二子山をはじめとする二所一門の親方衆に殺到したのだそうです。ただのいたずら電話ですが、そんなことが起きても不思議ではないと誰もが思うほど、輪島の人生にとって最悪の状態だったのです。

「もう相撲を辞めよう」

そう私が言ったのはこのときです。

ピオネ荘の2階の居間で、輪島は私の言葉を予期していたようで、「もうおまえに任せるしかないよ」と力なく言いました。

名跡を担保に金を借りることがどれほど常軌を逸したことなのか、輪島には分かっていなかったのです。信じがたいことに、金を返せば片がつくという程度の認識だったから、四面楚歌《しめんそか》の現実に直面して輪島は大変なショックを受けたのです。

番付表に相撲字でしこ名を記すのは行司さんの仕事です。「行司は習字」と言われるほど重要で、軍配のほかに筆を持つ行司を角界では「書記さん」とも呼びます。花籠部屋の書記さんにしたためてもらった輪島の廃業届は、相撲協会に提出する書類ですから書体は楷書です。輪島の行状には不釣り合いなほど、それは整った文字でした。

二子山親方との対決

九州場所の千秋楽からそれほど経っていない11月下旬のことです。私と継母は二子山親方から呼び出されました。花籠名跡の件で話があるということでしたが、今度はいったい何を言い出すのだろうかと戦々恐々としながら、家からタクシーで10分ほどの二子山部屋へと向かったのです。

小さなころに遊びに通った二子山部屋に、いまこんな形で出向くなんて、考えもしていませんでした。

3階建ての二子山部屋は、1階に稽古場があり、上がり座敷の先がちゃんこ場になり、さらにその奥に風呂場とトイレが備わっています。お相撲さんたちは3階で起居しているので、外出するには階段を降りて二子山親方家族が住む2階の玄関前を通らなければならない構造です。

私たちは2階の大広間に通されました。20畳ほどの和室の床の間には、壁に棟方志功の版画が掛かっています。そしてその足下に置かれた木彫りの像は、幼いころに大やけどを負って亡くなった勝雄ちゃんです。袈裟をまとった幼子は、右手にお遍路さんが持つ金剛杖をついています。

子供のころ、幸子ちゃんを訪ねて遊びに行ったこともよくある二子山部屋ですが、この木彫りの像は今にも動き出しそうで怖かった。勝雄ちゃんの写真によく似たそれは、大人になった今でも薄気味悪いのです。

やがて二子山親方が厳しい表情で私たちの前に現れ、座布団に腰を下ろしました。目の前の座卓には陶器でできた紫色の大きな灰皿が置いてあります。30センチはあろうかというその縁をぐるりと囲うように、歴代横綱のしこ名が金色の絵の具で描かれてありました。

初代の明石志賀之助は本当に実在したのか怪しいお相撲さんらしいですが、灰皿を何センチか下ると父のよく知る第35代双葉山定次の名がありました。さらにその10人後の第45代が若乃花幹士で、第54代輪島大士はその9人先でした。ちなみに当時最も新しい横綱は第59代、二子山部屋の隆の里俊英です。

数百年と言われる勧進相撲の歴史のなかで、横綱はわずか60人にも満たないのです。それはお金に換算できないくらい尊いもの。女性スキャンダルや金銭問題など、引退後でもあってはならないことなのでしょう。

たしかに目の前にいる元横綱は尊大で、苦虫を何匹も噛みつぶしたような顔は、我こそが大相撲そのものであると言わんばかりです。テレビが日本の戦後史を語るとき、必ずと言っていいほど紹介されるのは「栃若時代」の映像です。もしかしたらいまの日本があるのは自分のお陰とでも考えていそうだな、などと思ったりもします。

その初代若乃花はいま、左手にある白いショートホープの箱からタバコを1本抜き取り、金属製の短いパイプに押し込むと、ぱちんと火をつけ一服しました。そして開口一番こう言うのです。

「花籠株は今後オレに任せろ！　いいな！」

青天の霹靂でした。二所一門の総師として、また花籠の後見人として、二子山親方からの懲罰は相応に覚悟していましたが、よもや名跡を取りあげられるなどとは思いもよりませんでした。すでに輪島は廃業届を提出したのだからお前たちに主張する権利などないとでも言いたげです。

名跡を担保に差し出したとする証書を回収するために4000万円を工面したのは継母です。大スキャンダルになり相撲協会に迷惑をかけたとはいえ、委任状を見れば花籠名跡が私たち中島家のものだということは明らかなのですから、二子山親方に大切な名跡を差し出さなければならない理由などないはずです。

ところが継母はその場で、二子山親方の言いぶんに従おうとしたのです。私はそれを押しとどめ、こう言って突っぱねました。

「いいえ！　お任せするわけにはいきません！」

かつて役員改選のときに父を裏切ろうとした二子山親方を信用することなどできるわけがありません。自分の欲得と名誉のためなら、何をするか知れたものではないと思ったのです。

実は家を出るとき、茶封筒にマイクロカセットレコーダーを忍ばせて、隠し録りをしようと準備してきたのですが、興奮していたせいか録音スイッチを入れるタイミングを逸してしまったのです。

私と二子山親方との間で堂々巡りのやりとりがしばらく続きました。たぶん、こんな風に拒絶されたことなど、親方にはかつてなかったことでしょう。徐々に怒りが高じ、上気させた顔は、文字どおり鬼の形相でした。

吸っていたタバコをもみ消し、その灰皿をパイプでこんこんと叩きながら、二子山は次のように言い放ったのです。

「いいか五月！　オレはこの灰皿から第54代を消すことだってできるんだぞ！　あー

ん！」

協会ナンバー2の事業部長である自分の力をもってすれば、「第54代横綱輪島大士」の名を大相撲の歴史から抹殺することだってできるのだぞ、だから自分の言うとおりにしろと迫っているわけです。

二子山親方にとっての花籠部屋は、横綱の自分がいたからこそ大きくなったのだと思っているのでしょうが、もともと名ばかりだったこの名跡を再興し、長年月にわたりたゆまず心血を注いで大名跡に育てあげたのは父であり、そして2人の母にほかなりません。

花籠名跡はまさしく中島家にとっての宝であり、存在証明そのものなのです。

私には輪島スキャンダルを千載一遇の好機と捉えた二子山親方が、名跡を奪おうとしているように思えて仕方がありませんでした。ですから、その口車には決して乗るまいと心に誓ったのです。

親方は私が名跡をどこかへ高く売ろうと考えていると思ったのでしょう。目を剝《む》いて怒鳴りました。

「今どき株なんてそんなに高く売れやしないんだからな！」

だからオレに任せたって同じことだと言いたいのでしょう。

母と娘は生《な》さぬ仲

私とでは埒があかないとみるや、二子山親方は傍《かたわ》らの継母に強烈なひと言を投げつけました。もはやそれは皮肉を通り越した暴力です。私は生涯この言葉を忘れません。

「おかみさん、あんたと五月は生《な》さぬ仲だから、ほらこうやって娘が言うことを聞きやしないじゃないか」

「生さぬ仲」とは、血縁関係のない親子を指します。私が継母の意に従わないのは、血がつながっていないからだと二子山親方は言っているわけです。トミさんは若乃花が横綱を退いた翌年に嫁してきた父の後添いですから、ほとんど接点がありません。

ましてや相撲界は女が口を差し挟むことの許されない世界です。それらが相まって私たちを侮《あなど》る態度となったのでしょう。そうでなければ口にできる言葉ではありません。でもそれは翻って師匠である父を冒瀆《ぼうとく》しています。父亡き後の二子山親方は、そんな思い上がりにも似た感情に慣れっこになっていたのでしょう。

この日の話し合いはもの別れに終わりました。

子供のころから通い慣れた二子山部屋ですが、大人になったいま、こんな気持ちでこの道を歩く日がくるなんて想像もしませんでした。帰りはまだ日の高い午後。車を拾おうと青梅街道まで歩く道すがら、いつも父に守られてきた自分を改めて噛みしめました。

自らの経験に基づく指導方針が唯一絶対のものとして揺るぎなく、弟子たちを苛烈な鉄拳制裁で荒稽古に駆りたて関取に仕上げていった二子山親方です。感情のおもむくままに横暴な様を見せつけ、他人を屈服させるのが習性になっているのでしょう。

満ちゃんも輪島も、二子山親方を心から怖れていました。

相撲取りでもない私にはそんなことなど関係ありません。まして赤の他人の二子山親方に、私たちの親子関係に立ち入る権利などないではないですか。

ところが継母は私にこう言いました。

「長いものには巻かれないと……」

私はその言葉に激しくいらだちました。

「おかあさんしっかりしてよ。先代の女房としてもっと堂々としていてよ！」

父の選んだ女性には毅然《きぜん》としていてほしかった。まして二子山は父の弟子ではないですか。そんな男の、「生さぬ仲」という、たぶん意図して発した言葉の暴力に、私は悔しくて、道を歩きながら涙が止まりませんでした。

そしてつい、こう言ってしまったのです。

「言うとおりにしたじゃない。おかあさんはもう満足でしょ。私の人生をどうしてくれるんですか」

輪島との結婚は両親の望むものでした。女性関係に悩まされながら、「若い衆のことはどうするの」と、離婚を押し止《とど》めたのも継母です。結婚を決めたのはたしかに私ですが、両親の望みに従った挙げ句、こんなことになってしまったではないかという恨みがましい気持ちが、言ってはならない言葉となって口をついて出たのです。

継母は振りしぼるように言いました。

「もうあなたの好きなようにして」

親が子のために佳かれと思ってやったことでしょうが、あのときの私にはそれを慮《おもんぱか》る余裕などありませんでした。

二子山親方の申し出がただのお為ごかしだったことは、後に明らかになりました。

後年理事長を退き相撲博物館館長となっていた二子山親方は、その名跡を弟の満ちゃんに譲渡しましたが、そのときに命じた内容は、この男がいかに金銭欲と権力欲に支配されていたかを証しています。

１９９３年に満ちゃんは二子山名跡と藤島名跡を交換するに際して、二子山親方に言われるまま、名跡料としての3億円に部屋の力士たちの移籍料を加えた3億数千万円を支払っています。ところが国税当局からその申告漏れを指摘され、2人は世間から厳しい批難を浴びました。

つまり、当時の二子山親方が花籠名跡に対して企んでいたことも、たぶん同じレベルの発想だったに違いないのです。

名跡が「売買」されていることは、二子山親方らの脱税によって初めて公式に暴露されましたが、輪島が花籠名跡を担保に差し出した際の証書に「売却」とあるように、そんなことは角界周知の事実です。

それどころか、名跡のやりとりに関わる資格がないはずの遺族やタニマチが、あたかも遺産相続や有価証券を取引する感覚でいたことなど、昔から相撲界の常識です。

二子山親方は私と決裂した後、当時すでに「二子山一門」と称していた系列部屋の親方衆を集め、こう言ったそうです。

「中島家側から花籠名跡譲渡の打診があっても、絶対に買わないように！」

こうやって私たちを孤立させ、音を上げるのを待つ魂胆だったのです。しかし私たちは二子山親方に白旗は揚げたくありませんでした。

第六章

番外の人

号泣する輪島

輪島の廃業が理事会で正式決定したのは85年12月21日のこと。すぐさま本人が会見をすることになり、阿佐谷の花籠部屋道場に100人に及ぶ記者・カメラマンが集まりました。誰がお膳だてしたのかわかりませんが、カメラの砲列がものものしかった。

上がり座敷の奥に背広姿の二子山親方と放駒親方が並んで座り、壁際をぐるりと取り囲むようにして花籠部屋の関取衆が胡座《あぐら》のまま俯《うつむ》いています。

二子山親方が口火を切りました。

「前師匠の花籠、いまは輪島だが、それがみなさんの前で挨拶をします。おい、輪島を呼んでこい！」

2階の部屋から降りてきた輪島は、二子山親方と放駒親方の間に立つと、背広の内ポケットから声明文を取り出し読み始めました。

私はこのたび、金銭の貸借問題にからみ、日本相撲協会に多大の迷惑をかけ、先代花籠師匠より継承した花籠部屋に大きな汚点を残し、師匠の名誉を傷つけたことを心より陳謝いたします。

このため、私は日本相撲協会に年寄廃業届を提出しており、また本日の理事会でこれを認められ、日本相撲協会を去ることになりました。このようになったことは、すべて私の不徳のいたすところであり、私を信頼してくれた力士、行司、呼出、床山の方々や、私に協力してくださった年寄及び関係者の方々を裏切ることになり、まことに申し訳ありません。

弟子などの方々には、放駒部屋への転属となりましたが、放駒親方は私と違って立派な方であり、師匠の指導を受け、ますます相撲道に精進されるよう望みます。年寄及び関係者の方々には、力士たちが立派に成長するよう、一層の協力をお願いいたします。

これでお別れいたしますが、私はひたすらお詫び申し上げるのみであります。

日本相撲協会を去っても、相撲協会から受けたご恩を忘れず、心を新たに、これ

以上のご迷惑を協会にかけないことを誓います　（傍点筆者）

涙ぐんで俯く輪島に二子山親方は「もういいだろう」と言いましたが、憤然とした表情のまま一瞥《いちべつ》もくれませんでした。

こんな声明文を読まされることなど、私は一切聞いていませんでした。輪島に質すと、「読めと言われてしょうがなかったんだ」と言いますから、たぶん文章は向こうが用意したのでしょう。〈放駒親方は私と違って立派な方〉だなどとは、輪島にとって屈辱以外なにものでもありません。

つまりこれは二子山親方による「輪島の公開処刑」に他なりません。

その夜、南阿佐ヶ谷の2DKのマンションで、私は輪島と2人で泣きました。酒の強くない輪島ですが、呑まずにいられないのでしょう。焼酎の「吉四六」を水で割って飲みながら、「すまない」、「申し訳ない」と繰り返し、なおもむせび泣いていました。

大きな借金を背負ったうえに、部屋を失い角界からも追い出されたのですから当然です。しかも声明文を読まされた場には、マスコミだけではなく関取衆をはじめとした弟子たちもいたのですから、これほどの辱《はずかし》めはありません。

自責の念にかられる輪島は当然ですが、私は見せしめにと輪島をさらし者にした二子山

会見で廃業を表明する輪島。右が二子山親方、左が放駒親方（時事通信）

に対する悔しさに唇を嚙みしめました。しかもそれらは「輪島に対して」というより、「中島家そのものに向けられた」もののようにも思われ、父に対する造反と同じことではないかと私は感じたのです。

弟子たち32人が放駒部屋へと引っ越していったのは翌22日のこと。建物は残っていますが、部屋の看板は外されました。数多《あまた》の名力士を育て、名門の名をほしいままにした花籠部屋は、ここに32年の幕を下ろしたのです。

実は、このときすでに私たちは離婚していました。というのも、輪島との婚姻関係を解消しなければ、債務の取りたてが中島家に及ぶ可能性があったのです。それでも私たちが同居を続けたのは、無一文になった輪島には住むところさえなかったからです。私には父の遺産がいくらかあったので、それを当座の生活費に充《あ》てるほかありませんでした。

「いまのオレにはお前しかいない、いずれ復縁しよう」

そんな輪島の言葉を、私は信じました。そして、これで本当の夫婦になれるかもしれないとも思ったのです。

プロレスラー輪島

ジャイアント馬場さんと輪島はまるで知らぬ仲というわけではなく、実は結婚式にも来ていただいています。父も部屋の建設費を稼ぐためにアメリカでプロレス興行に参加していましたし、何より力道山さんとの関係もあって、二所一門とは浅からぬご縁があったような気がします。

最初に相談したのは、元花籠部屋の力士で、当時すでに全日本プロレス（全日）で活躍していた石川孝志（リングネームは敬士）さんです。日大相撲部出身で輪島の後輩だったこともあり、そこから話が進展していったのです。

実際に馬場さん率いる全日との間をつないでくださったのは、大物興行師の永田貞雄さんです。永田さんは日本の裏社会ともつながりが深く、力道山さんが発足した「日本プロレス協会」の興行面を支えた恩人でもありました。

永田さんに連れられ、輪島と私とでジャイアント馬場さんにお目にかかったのは、年が明けてすぐだったと思います。

馬場さんは当時永田町の「キャピトル東急ホテル（現・ザ・キャピトルホテル東急）」のビジネスオフィスを使っておられました。ホテルのロビーフロアにある「ＯＲＩＧＡＭＩ」というラウンジのアフタヌーンティがひどく美味しかったのと、高価だったことを覚えています。

実際の面談は馬場さんのオフィスで行われましたが、私はそこには同席していません。あとから輪島に聞くと、とりあえず石川さんの帯同でアメリカに武者修行に行き、その費用はすべて全日本プロレスが負担すると決まったようでした。

キャピトル東急で全日入りの会見が開かれたのは4月13日。ＮＨＫのカメラも含めた200人を超えるマスコミが集まるなか、馬場さんと並んで座った輪島はこう言いました。

「もう一度いっぱい裸になって頑張るしかない。自信はあります」

横綱を引退してから4年のブランクがあります。まして当時38歳という年齢で、しかも元横綱というプライドを持った輪島が、果たしてプロレスラーとしてやっていけるのだろうかという懐疑的な見方が、マスコミの論調の大半を占めていました。けれどこのときの輪島も私も、なりふり構っていられる暇などありませんでした。何を言われようとも、一刻も早く稼ぎの手段を見つけなければならなかったのです。

こうして輪島はアメリカに旅立っていきました。

継母の自死

このころ、継母の体調は思わしくありませんでした。

父が存命のころから過労のせいか眼の具合を悪くしていたのですが、父が他界してからというもの、引きこもりがちの日々を送り、不眠にも悩まされるようになっていました。心療内科に通って睡眠薬を処方してもらったのですが、そのうちに精神安定剤と併《あわ》せて服用しないとまったく眠れなくなってしまいました。すでに鬱《うつ》病を患っていたのです。

彼女の全存在でもあった花籠部屋の消滅が、その心にどれほどの衝撃を与えたか想像に難くありません。父が亡くなってからこちら、私たちは注意して彼女を見守っていたのです。ところが、輪島の全日入りの会見から約40日後の5月23日、彼女は自ら命を絶ってしまったのです。

その日、三越百貨店に行くと言い残して外出した継母でしたが、夜になっても帰宅しませんでした。私たちは知人や親戚などに連絡するなど手を尽くしたのですが、一向に行方がわかりません。

ところが義姉がこう言うではないですか。あるとき継母が居間にいないことに気づいた義姉が2階を覗くと、梁《はり》に紐《ひも》をかけているところだったと、そんなことがあったと言うのです。これは後になって聞いたことですが、継母のような場合、むしろ外に出たがらない鬱状態の時は危険が少なく、これが躁《そう》状態に転じたときこそ要注意だったのです。

義姉は、もしかしたら八王子の家に行っているかもしれないと言います。

父は継母と一緒になった翌年に、八王子駅から車で10分ほどのところにある別荘分譲地を購入しました。雑木林に囲まれた広さ2000平米の更地で、ここに古民家風の家屋を建てました。

父はこれを「花籠荘」と名づけ、いずれ協会を退き、私たちに阿佐谷の所帯を譲った後は、継母と2人でここに隠棲しようと考えていたのです。

道路から少し逸《そ》れたこの家の庭には緑の芝生が敷かれ、傍らの土手に立つ何本かの大きな桜木から見事に枝が伸びています。春嵐で緑の芝生に舞い散る満開の花吹雪は、この世のものとは思えない美しさでした。

父はそんなこの家をことのほか気に入っていました。協会の職務がない土日と言わず、平日でも暇さえあればここに通い、庭の手入れなどをしながら停年後の暮らしを楽しみにしていたのです。

継母も父と同様にこの家を愛していました。夫婦で訪れると室内の調度を少しずつ揃えて来たるべき日に備えていたのです。

父の死によって2人で暮らす日は訪れませんでしたが、ここで和食料亭を開き、1日数組限定で客をもてなしたいのだと、そんな夢を語っていたこともあった継母ですから、この家に向かったのかもしれないという義姉の言葉には頷《うなず》けました。

そこで別荘の近くに住む花籠部屋のOBに連絡を取り、様子を見に行ってもらえないかとお願いしました。夜遅い時間だったので翌早朝になったのですが、果たして継母の履《は》いて出た靴が納屋の表で発見されたのです。入り口が施錠されていたこともあり、あとは警察に委ねるほかありませんでした。

長兄とともに駆けつけた警察署で対面した継母は、すっかり変わり果てていました。遺体の首には紫色の鬱血《うっけつ》があり、警察官いわく縊死《いし》したことは明らかだということでした。しかもそれに使ったものはただの紐ではなく丈夫な電気コードだったと言いますから、確実な死をはかったのでしょう。

1980年の花籠部屋創設30周年記念祝賀会で中央が富美子夫人。

遺書はありませんでしたが、花籠荘に行ったのは、たぶん私たちが住む阿佐谷で迷惑はかけられないとの気遣いもあっただろうし、なにより夫婦の思い出にあふれるこの八王子の家から、父のもとへと旅立ちたかったのだと思うのです。そんな継母の心中を察するほどに、どれほど泣いても私の涙は尽きませんでした。

名跡も脅《おびや》かされたうえに、継母をすら守ることができなかった私です。いまでも悔恨の念は消えません。

そのとき輪島はまだハワイでトレーニング中でした。葬儀に参列させるか長兄と相談したのですが、とりあえず「騒ぎになるかもしれないから、来なくてもいいよ」と長兄に電話で伝えてもらったのです。

そうは言っても私の本音としては、焼香をあげて詫びのひと言でもあれば、継母も少しは浮かばれるとは思っていたのですが、5月26日の告別式に、輪島は本当に来なかったのです。

葬儀場で春日野理事長が記者に語ったコメントは、私たち遺族の気持ちを代弁していました。

「こんなことになったのも、輪島が心労をかけたからなんだ。輪島は来なきゃいけないんだよ」

ハワイから飛行機で7時間ほどの距離を、輪島は厭《いと》うたのです。

継母には生きていてほしかった。花籠名跡を失うことになったけれど、私たちは恥ずかしいことなど何もしていません。自ら廃業を決めたのだから、もっと胸を張っていてほしかった。

死を選んでしまっては、継母自ら「生さぬ仲」を証明してしまうことになるじゃないのと、「言わぬことではない」と思っているかもしれない二子山の憎らしい顔を思うと、悔しくて仕方がなかったのです。

私たちには生きた時間の丈しか知恵がなかった。もっとああしていればと今でも思うのですが、いずれ父に逢ったとき、きちんと説明し、「これも運命だったのかな」と、そう問いかけるしかないのでしょう。

葬儀の約2週間後の6月8日、裁判所から競売の執行官がやってきて、阿佐谷のマンションの家具に「差押《さしおさえ》」の赤紙をべたべたと貼り付けてゆきました。それらはすべて父が持たせてくれた私の花嫁道具です。それをなぜ輪島兄妹のために失わなければならないのか、その理不尽を私は呪いました。

輪島の借金の元凶である妹の静子も継母の焼香に来ませんでした。

リングサイドにも取りたて?

輪島のデビュー戦は馬場さんとのタッグで、8月にアメリカで行われました。以降、馬場さんや石川さんのサポートを受けながら、11月には故郷の七尾で日本デビューを果たしました。その注目の一戦はゴールデンタイムにテレビ中継され、その視聴率は23・5%という高い数字だったそうです。

ファイトマネーは1試合5万円でしたが、その後の試合経験に従って金額は上がってゆくという話です。月に20試合やれば100万円になります。なんとか頑張れば生活できる

全日本プロレスのジャイアント馬場（左）と輪島大士。
1986年12月12日の日本武道館での試合／共同通信社）

はずですが、輪島はそうは思っていなかったようです。

あるとき、私にこんなことを言ってきました。

「リングに立ったら、客席から『ワジマ！ 金返せ！』って言われたんだよ。どうしても2000万円必要なんだ。頼むから用立ててくれないか」

その時点ですでに債務を整理し、破産宣告を受けている輪島です。いまや取りたて人がやってくる怖れなどないはずなのですが、それでもしつこくやってくるから閉口するのだ、と言います。

本当にそんな取り立てがあったのでしょうか、私も迂《う》闊《かつ》だったのですが、その返済先などを一切確認せず、父が残した遺産のなかからお金を渡してしまったのです。

もしかしたら遊興費に使ったのかもしれないと疑っています。というのも、輪島は38歳のロートルレスラーです。あの人のことですから、年下の先輩レスラーとのよしみを結ぶために、豪快に食事を奢《おご》ったりしていたのだと思うのです。

それでも輪島が我慢してレスラーを続けていれば、使った金も生きようというものですが、全日入りして2年も経つと身体のあちこちを傷め、あっちが痛い、こっちが痛いと言ってリングに立つのを嫌がるようになりました。

しかもプロレスラーとしての試合運びはつたなく、注目度の割に内容が伴わない試合ですから、たちまち人気はさめてしまいました。

輪島は1988年の12月に突然引退しました。石川さんの退団が引き金だという話もありますが、それは関係ないと思います。大相撲時代からしかり、もともと痛いのがダメな人ですからレスラーになど向いていなかったのでしょう。

新たなタニマチで夜遊び再開

プロレスと入れ替わるようにして輪島のサポートに名乗りを上げたのが、学生援護会の創業者で、当時87歳になる井上光《みつ》会長です。矍鑠《かくしやく》とされた女性でしたが、実際に輪島の相手をしたのは、輪島と同じ日大出身の弟さんで、かねてから輪島後援会の会員でもあった井上美悠紀《みゆき》社長でした。

1989年の春に交わされた学生援護会との契約は、スポーツイベントのアドバイザーという名目です。年間2000万円の契約料は、私が新たに設立した会社に入金していただくようにしました。代表は私がつとめ、輪島には役員になってもらいました。

井上社長にはいずれアメリカンフットボール部を創設する計画があり、輪島はその勉強のために週に何度か世田谷にある日大アメフト部の篠竹幹夫監督の元を訪ねていました。学生時代から親交があるそうで、ずいぶんと面倒をみていただきました。

当時破竹の勢いの日大フェニックスです。学生日本一を争う甲子園ボールにも何回か応援に行きました。また、本場アメフトの視察をかねて、アメリカで毎年行われるスーパーボール観戦にも2人で出かけたのは懐かしい思い出です。

輪島とは別に、私も日大アメフト部の合宿所に幾度かお邪魔し、学生のために大量のちゃんこ鍋を作ってあげると篠竹監督は大層お喜びで、帰りに抱えきれないほどの果物などを頂戴したこともあります。いつも豪快に笑っておられる篠竹さんは、豪放磊落という言葉がぴったりの方でした。

このように、学生援護会との契約によって私たちの生活はようやくほっと息をつけるようになったのですが、井上社長はスポーツ振興に熱心な一方、銀座のクラブめぐりがお好きな方で、タニマチとしてごく自然に元横綱を連れ歩くようになりました。

そもそもそれで身を持ち崩したような輪島です。結局は元の木阿弥、あの人は昔のような生活に逆戻りしてしまったのです。

自らの借金のカタに花籠名跡を担保に差し出し部屋を失ったばかりか、義理の母親を死に追いやったことなどすっかり忘れてしまったようで、金回りがよくなると、またもや牛乳屋さんか新聞屋さんのような朝帰りの生活です。

もう私はここですっぱり輪島と別れようと思いました。せっかく書類のうえでは離婚しているのですから、きちんと違う人生を進もうと持ちかけたのです。契約金を折半すれば、私もあなたも生活はできるじゃないの、と。

ところがしばらくすると、学生援護会から連絡があり、輪島が私の会社を退職したので、今月一杯で契約を打ち切ると、一方的に通告してきたのです。数日後に輪島の退職届が郵送されてくると、翌月から振込はぱったりと途絶えました。

私たちは当時、世田谷の家賃数十万円のマンションに入居していましたが、引き払わざるを得ませんでした。

ところがこの輪島の退職は表向きにすぎませんでした。１９９１年には学生援護会が設立したアメリカンフットボールチームの総監督に就任しているように、以後も井上さんを始めとする日大ＯＢの方々による輪島への金銭サポートは続いたのです。

恋に落ちて

輪島が当時こうした非情ともいえる行動に出た原因は、たぶん私にあるのだろうと思います。

実はこのとき、私はある男性と激しい恋に落ちていました。

会社側から告げられた突然の契約終了は、それを察知した輪島による意趣返しだったのではないでしょうか。

先述したように、私たちは中島家の資産を守るために籍を抜きましたが、マスコミには「偽装離婚」と書かれました。同居は輪島の苦境に配慮したこととはいえ、2人ともいずれよりを戻そうと考えていたのですから、たしかにそう言われても仕方のないことです。

けれど、どれほど経っても輪島から復縁への展望が見えません。しかもそのとき私は40歳という、もはや若くもない年齢を目前にしており、ひとりの女として中途半端な状態のままずるずると、この先もこの人とともに生きていっていいのかと、自分に問いかけたのです。

タニマチにすがり、将来の夢すら描こうとしない輪島への不信感に加え、自分の女としての残り時間を考えたとき、もう輪島と決別するほかないのだという、差し迫った感情が芽生えたのです。

その男性と出会ったのはそんなころ。輪島がプロレスラーを引退しようかという時期です。私より4歳年上の彼はアメリカのロサンゼルスを拠点に活躍する和食の料理人です。20代で日本から南米に渡り、そこから大変な苦労を重ねてビバリーヒルズに店をかまえるまでに成長しました。その後も世界各国に店舗展開していった彼は、まさしく立志伝中の人物です。

米国で成功した日本人料理人の筆頭格に挙げられる彼です。料理の素晴らしさだけでなく、人の気を逸らさない話術は巧みで、アメリカ人客の絶大な人気を獲得し、ハリウッドの超有名俳優や映画プロデューサーなどとも懇意にしていました。

私と出会ったころの彼は、その俳優との共同出資でこれからニューヨークに進出する段階でした。人生の上昇期にある彼と、これから違う人生を歩もうとしていた私は、たちまち意気投合しました。世界各国をビジネスで飛び歩く彼とは、数ヶ月に一度、ハワイやニューヨーク、あるいは日本各地で逢瀬を重ねました。

彼と過ごす時間はすべて映画の1シーンのようで、私の心は浮き立ちました。

輪島が会社の役員を辞任し、学生援護会から契約解除の連絡が来たのはその最中のことだったのです。私がたびたび海外旅行に出向くことを輪島は知っていましたが、その彼と深い関係にあることも、うすうす感づいていたようです。

輪島は彼と共通の知り合いを通して私との付き合いをやめるよう、ロスの彼にそれとなく忠告するようなこともあったようですが、輪島とは同居しているとはいえ、とうの昔に離婚し寝室も別の関係です。さんざん女性問題で悩ませた輪島に、いまさら亭主顔で私の幸せの邪魔をする権利などありません。

学生援護会からの契約解除の後、私は輪島から以前貸したお金を取りもどそうと、債務の返還を求めて東京地裁に提訴しました。しかし輪島に金を貸したことを証明する書類は何もないうえ証言も得られず、結果は私の敗訴。プロレス時代に私が用立てた2000万円は戻ってきませんでした。

それからしばらくすると、輪島は神戸に住む元モデルの女性と再婚しました。それが今の奥さんなのです。

ロサンゼルスの彼との間柄は、そもそも微妙なものでした。なにせ彼には妻子がいたからです。

いずれ一緒になろうと話し合った時期もありましたが、不倫関係であることに違いはありません。

電話の着信履歴を見たのでしょう、彼の奥さんから、「五月さんですか？」と誰何《すいか》する電話をもらったこともありますが、それでも私たちは互いに夢中でした。少なくとも私はそう思っていました。けれど私の知らぬうちに彼の心は変化していったようで、彼が東京に凱旋出店しようかというころ、それは顕著となりました。

彼はこう言いました。

「君と別れなければ『死ぬ』と、妻が言っている」

すでに私と別れるつもりのようでしたが、その言葉が私に与えた衝撃はそんなことではありませんでした。

夫の不倫に懊悩《おうのう》する彼の奥さんの姿がはっきり見えてしまったのです。現在の彼女は、輪島の裏切りによって自殺未遂に追い込まれたあのときの私の映し鏡だったのです。

そのことにようやく気づいた私は、もう決別するほかありませんでした。気持ちの区切りなど簡単につくものではなく、関係の清算にはずいぶんと苦しみました。

出会ってから数年。私の人生にとって、彼とすごした日々は夢のようでしたし、輪島との人生に疲れ切っていた私はそれで救われたのは間違いないことです。そのことへの感謝の気持ちは、この先も変わることはありません。

力士たちの死と時代の終わり

輪島が廃業した後の花籠名跡は、何度か名義上の「保有者」と実質的な「所有者」の変遷がありました。

当初の細かい経緯は割愛しますが、一時的に所有していた花籠部屋のタニマチの方から、次兄が2億5000万円で買い戻したのです。ただしこれまで申しあげてきたように、元力士とはいえ継承資格のない次兄ですから、実際にお金を払って購入しても、名跡を〝保有〟することはできません。

そこで次兄は二子山親方に相談を持ちかけ、二子山部屋付きの年寄だった元関脇の大寿山に、金銭取引なしで花籠を継いでもらうことにしたのです。その代わり、兄が用意した山梨県上野原市の土地に部屋を建て、新しい花籠部屋を興すことを条件としました。

92年に開いた新しい花籠部屋は、自治体と業者による地域再開発の一環でもありましたが、国技館のある両国に出るのに不便で、他部屋への出稽古もままならないことを理由に、大寿山は98年に部屋を墨田区へと移転したのです。

バブルの崩壊で再開発が頓挫したこともありますが、なにも聞かされていなかった次兄は約束が違うではないかと、大寿山に名跡を返還するように迫りました。年寄名跡は有資格者である自分のものと主張する大寿山と裁判になった結果、次兄の敗訴となりましたが、大寿山の背後には二子山親方の存在が見え隠れしていました。

その後、二子山を継承した満ちゃんと花籠名跡をめぐる諍《いさか》いにも発展しましたが、次兄が目論むような結果には至りませんでした。

その満ちゃんが亡くなったのは2005年5月30日のこと。最期は仲違いする長男の若乃花（3代目）と次男の貴乃花の2人の息子の板挟みになる形で、口腔底癌《こうくうていがん》という病が癒えることなく享年55という若さで世を去りました。息子たちのことはずいぶん心残りだったと思います。

初代横綱・若乃花こと花田勝治は、満ちゃんに二子山名跡を譲渡する際の脱税により、96年9月にその責任をとって相撲博物館の館長を辞任し、大相撲の表舞台から姿を消しました。腎細胞癌でこの世を去ったのは弟の死から5年後の2010年9月1日のこと。享年82と、力士にしては長命でした。

花田兄弟とやり合った次兄の克治ですが、自分と入れ替わるように入門してきた同い年の輪島とは手が合ったようで、2人が元気なころは一緒に飲み歩いてもいたようです。棺に納められた遺骸の骨格は父に似て、やはり力士らしかった。次兄は引退しても相撲界から心が離れることはありませんでした。

晩年は独居生活を送り、輪島の死から3か月後の2019年1月14日に心筋梗塞で70年の生涯を終えました。花籠部屋があった阿佐谷の土地は、輪島の破産とともに競売に付されました。買い取ったのは日本大学でした。つまり、いまの日大相撲部の合宿所が建つ場所こそ、父が心血を注ぎ、かつて若乃花や輪島、魁傑らスター力士を生んだ花籠部屋の敷地なのです。そんなことを知る人など、もうほとんどいないことでしょう。

そして現在の花籠部屋ですが、大寿山は経営難を理由に2006年に部屋を畳み、残された弟子たちとともに峰崎部屋に受け入れてもらっています。

輪島は番外の人

いまでもふと輪島がカラオケでマイクを持つ姿を思い出すことがあります。

あの人は惚れぼれするくらい歌が上手でした。

輪島が横綱のころ、五木ひろしさんのホームパーティに2人して呼ばれることがありました。五木さんと輪島は同じ1948年生まれの同学年で、同じ「ひろし」だったことから仲良くしていただいたのですが、あの人が唄う五木さんの「夜空」や、吉幾三さんの「酒よ」には、その場にいたすべてのゲストが聞き惚れていました。

「おーい」と呼ばれ、五木さんと木の実ナナさんのデュエット曲「居酒屋」を、五木さんの前で歌わされましたが、輪島にはとてもかないません。賑《にぎ》やかな宴会が好きな輪島ですが、お酒は私の方が強かったくらいで、ひたすらお喋《しゃべ》りをし、好きな歌を唄うことを心から楽しんでいました。

それなのに、咽頭癌を患《わずら》ったあの人は、手術で声帯を失ったというではないですか。5年前に新聞でその事実を知ったとき、私は言いしれぬ衝撃を受けました。二度と会うつもりのない人でした。けれど、あの誰よりも伸びやかな歌声を、もう望んでも耳にすることができないのかと思うと、私は胸が詰まりました。

さらに癌が転移していたという輪島です。子を残して世を去るのは、私の実母がそうだったように、親にとって辛いことに違いありません。もうこれ以上切ない話はごめんです。私は輪島を恨むのをよすことにしたのです。

いまの私には夢があります。

それは小さなホテルを営むこと。これまで何年もかけてその準備を進めてきましたが、ようやく開業準備の段階にまで漕《こ》ぎつけました。

ある温泉町の宿泊施設を全面改修してオープンするのですが、このところの再開発で若い人たちやインバウンド客で賑わうこの町を舞台に、さて、どんな面白いホテルにしようかとわくわくしているのです。

ときおり父の位牌に手を合わせ、「相撲部屋を切り盛りするよりきっと楽よね」と呟《つぶや》きながら、ふとかつての花籠部屋の日々を思い出したりするのです。

高校のころに諳《そら》んじた「平家物語」冒頭部の「沙羅《さら》双樹《そうじゅ》の花の色」は、「盛者必衰の理《ことわり》をあらわす」、つまりどんなに勢いがあってもすべては必ず衰えてしまうのだという、ものの道理を象徴しているのだそうです。

相撲界も栄枯盛衰の繰り返しです。二子山部屋がわが世の春を謳歌《おうか》しながら、貴乃花部屋となって消滅したように、きら星のごとく力士を輩出し、一時は「花籠一門」と称された父の部屋もそうでした。角界随一の相撲部屋へと上り詰めたのも束《つか》の間、師匠の死を境に一瞬にして崩壊してしまったのです。

でも、「花籠」という美しい名に、私は桜花のような儚《はかな》さを見いだします。花籠部屋の終焉《しゅうえん》は、父が好きだった「花籠荘」で、盛りを迎えた満開の桜の花びらが、一迅の風に吹雪いて散る様を思い描かせるのです。

輪島大士は花籠部屋に大きな実りを約束する豊穣神《ほうじょうしん》のはずでした。ところが実際のあの人はそのような存在ではありませんでした。あらゆる悲惨な目に遭い、相撲界から追われるように身をひいた私が当時思ったことは、輪島という人は中島家と、そして相撲界にとって、人間の形をした「災厄そのもの」だったのではないかということ。

ですがあれから何十年も経ったいまでは、あの人のもたらした災いには何か特別な意味があったのではないかと思うのです。言ってみれば輪島は、大相撲悠久の歴史のなかでときおり土俵に降臨し、皆をとんでもない大混乱に陥れる「騒擾《そうじょう》の神」だったのではないでしょうか。

人間を幸福で充たす神様もいるけれど、なかには極めつきの試練を与える神もいます。すべてをご破算にする仕業で人を悲劇のどん底に突き落としながら、その実、欲望に支配され、分をわきまえず、畏《おそ》れを忘れて醜く争う人間に罰を与え、すべてを浄めてしまおうと、お天道様はあの人を遣わしたのかもしれません。

秋になるとこの日本にはいくつもの台風がやってきます。激しい風雨が海や河川の穢《けが》れすすぎ、新たな生命の誕生へと導くように、古来より大相撲にもそんな天然摂理が作用してきたのかもしれません。

そうした定期的に降りかかる天災のような存在が輪島大士だったのかなと、あの人が他界したいま、ため息混じりに思うのです。

あるいは、あの人はまさしく「番外に生きる住人」だったのだと、そう自分を言いなだめるよりほかないというのが、いまの私の心境なのです。

相撲協会理事の推移

一門＼年	1968年	1970年	1972年	1974年	1976年
二所ノ関一門	二所ノ関（佐賀ノ花） 花籠（大ノ海）	二所ノ関（佐賀ノ花） 花籠（大ノ海）	二所ノ関（佐賀ノ花） 花籠（大ノ海）	二所ノ関（佐賀ノ花） 花籠事業部長（大ノ海）	花籠事業部長（大ノ海） 二子山（初代若乃花）
出羽海一門	出羽海事業部長（出羽ノ花） 春日野（栃錦）	武蔵川理事長（出羽ノ花） 春日野（栃錦）	武蔵川理事長（出羽ノ花） 春日野事業部長（栃錦）	春日野理事長（栃錦） 出羽海（佐田の山）	春日野理事長（栃錦） 出羽海（佐田の山）
時津風一門	時津風理事長（双葉山） 立田川（鏡里）	立田川（鏡里） 時津風（豊山）	立田川（鏡里） 時津風（豊山）	立田川（鏡里） 時津風（豊山）	立田川（鏡里） 時津風（豊山）
立浪伊勢ヶ浜一門	立浪（羽黒山） 伊勢ヶ濱（照國） 宮城野（吉葉山）	伊勢ヶ濱（照國） 宮城野（吉葉山） 立浪（安念山）	伊勢ヶ濱（照國） 宮城野（吉葉山） 立浪（安念山）	伊勢ヶ濱（照國） 宮城野（吉葉山） 立浪（安念山）	伊勢ヶ濱（照國） 宮城野（吉葉山） 立浪（安念山）
高砂一門	高砂（前田山）	高砂（前田山）	高砂（朝潮）	高砂（朝潮）	高砂（朝潮）

（1970年は武蔵川理事長が事業部長を兼務）

昭和時代（戦後）の二所ノ関一門系統図

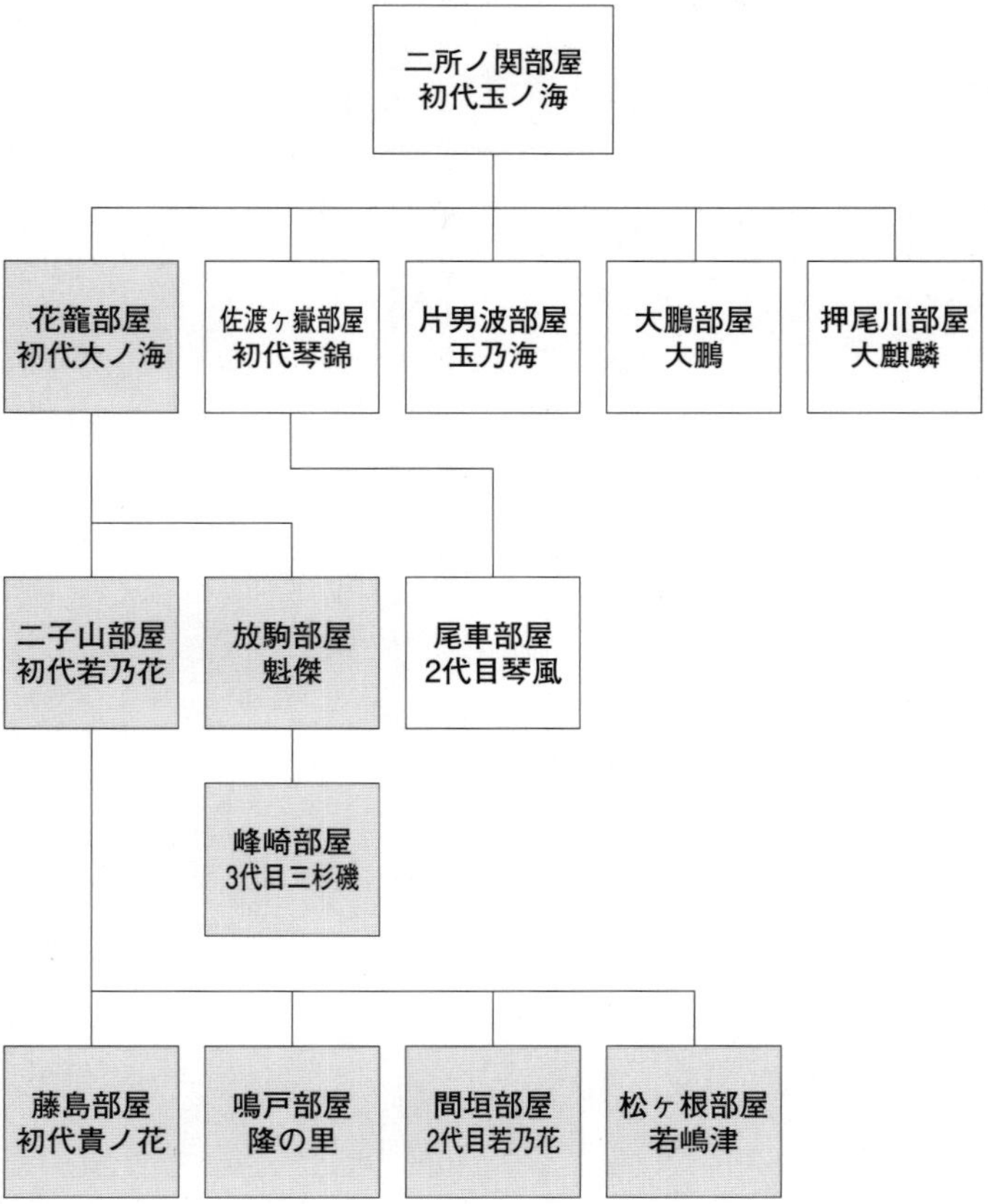

※網がかかっている部屋が阿佐谷勢
※師匠のしこ名は創設時
※二所ノ関部屋師匠は終戦時

主要参考文献
『横綱づくりの秘芸 私の相撲自伝』花籠昶光著　ベースボール・マガジン社
『土俵の鬼　二子山勝治伝』川端要壽著　河出書房新社
『わたし元横綱輪島の〝脱線〞女房』輪島五月著　主婦と生活社
『週刊文春』
『週刊宝石』

本書は書き下ろし作品です。

武田頼政（たけだ・よりまさ）
1958年、静岡県生まれ。出版社勤務を経てフリー。2007年に「朝青龍の八百長疑惑」を週刊誌で告発し、「第14回編集者が選ぶ雑誌ジャーナリズム大賞」を受賞。著書に『ガチンコさらば若乃花』（講談社）、『大相撲改革論』（廣済堂新書）『Gファイル　長嶋茂雄と黒衣の参謀』（文藝春秋）他。

真《しん》・輪島伝《わじまでん》　番外《ばんがい》の人《ひと》
二〇一九年七月八日　第一版第一刷

著　者　武田頼政
発行者　後藤高志
発行所　株式会社　廣済堂出版
〒一〇一－〇〇五二
東京都千代田区神田小川町二－三－十三
M&Cビル七階
電　話　〇三－六七〇三－〇九六四（編集）
〇三－六七〇三－〇九六二（販売）
F A X　〇三－六七〇三－〇九六三（販売）
振　替　〇〇一八〇－〇－一六四一三七
U R L　https://www.kosaido-pub.co.jp
印刷所・製本所　株式会社　廣済堂

 ISBN978-4-331-52226-4　C0095